ELSINOR
VERLAG

HUGO AWARD℠

Hao Jingfang wurde im Orwell-Jahr 1984 geboren. An der Tsinghua-Universität in Peking legte sie 2006 ihr Examen in Physik ab; 2012 folgte eine Promotion in Wirtschaftswissenschaften und Management an der gleichen Hochschule. Seit 2006 publiziert sie regelmäßig Erzählungen und Essays in chinesischen Zeitschriften. In China hat sie bereits zwei Romane und zwei Bände mit Kurzgeschichten veröffentlicht. Mit *Peking falten* gewann sie 2016 den international renommierten Hugo Award in der Kategorie «Best Novelette».

Hao Jingfang

Peking falten

Erzählung

Mit einem Vorwort von
Kai Strittmatter

Elsinor

Titel der englischen Ausgabe (Übersetzer: Ken Liu):
Folding Beijing

Die Erzählung entstand 2012. Der Text wurde zunächst auf der Website der Universität von Tsinghua veröffentlicht und erschien 2014 in zwei chinesischen Zeitschriften. 2016 wurde die Erzählung mit dem **Hugo Award** (Science Fiction Achievement Award) in der Kategorie «Best Novelette» ausgezeichnet.

Bibliografische Information der Deutschen Nationalbibliothek
Die Deutsche Nationalbibliothek verzeichnet diese Publikation in der Deutschen Nationalbibliografie; detaillierte bibliografische Daten sind im Internet über www.dnb.de abrufbar.

Übersetzung aus dem Englischen von Jakob Vandenberg

2. Auflage 2022
Vorwort mit freundlicher Genehmigung von
Kai Strittmatter, Peking

Satz und Umschlaggestaltung: Elsinor Verlag, Coesfeld
Abbildung auf dem Cover mit freundlicher Genehmigung von Batelco (Bahrain Telecommunications Company). Werbeagentur: FP7/BAH, Bahrain; Creative Director: Fadi Yaish; Art Director: Supparat Thepparat; Internes Producing: Mar Wai May; Foto: Surachai Puthikulangkura; Illustrationen: Surachai Puthikulangkura, Supachai U-Rairat; Producer: Anotai Panmongkol; Herstellung: Illusion
Printed in Germany
ISBN 978-3-942788-38-0
www.elsinor.de

INHALT

VORWORT

Das Monstrum Peking zusammenfalten, alle 24 Stunden einmal, und austauschen gegen ein anderes Peking: was für eine Idee! Die besten Science-Fiction-Geschichten sind die, in denen die Menschen mit der Nase auf etwas gestoßen werden, was ihnen bislang gar nicht bewusst war: die Bedingungen ihrer Existenz, die Unzulänglichkeit der Welt um sie herum. Wenn die Menschen als Leser einen Schritt zurücktun von ihrer Rolle, von ihrem Leben, das sie gedankenlos abspulen. Wenn sie mit einem Mal im Zuschauerraum stehen – und die Bühne sehen als das, was sie ist: nicht von Gott gegeben, sondern von Menschen gezimmert. «Die Struktur der Welt, so unfair und ungerecht, wie sie ist», sagt Hao Jingfang. «Die Perspektive wollte ich zeigen.»

Deshalb schrieb sie die Novelle *Peking falten*. In drei Tagen nur, im Jahr 2012, da hatte sie ihren Physikabschluss schon lange in der Tasche. Und zum Doktor in Wirtschaftswissenschaften waren es nur mehr ein paar Monate. Beides an der Tsinghua-Universität, dort, wo Chinas Elite studiert. Die heute 32-jährige Hao Jingfang, geboren in Pekings Nachbarstadt Tianjin, ist eine Frau von vielen Talenten. Dass das Schreiben dazu zählt, war spätestens seit dem Jahr 2002 klar, als sie ihren ersten Literaturpreis gewann. Die Peking-Universität reservierte ihr daraufhin einen der begehrten Plätze in ihrer Chinesisch-Fakultät, aber Hao winkte ab: Sie schrieb sich erst einmal für Physik ein. An der Physik habe sie das Philosophische interessiert, sagt Hao. Und an der Wirtschaft die Frage: Wie lebt der Mensch? Wie organisiert sich die Gesellschaft?

Das Genre Science Fiction scheint die logische Vermählung solcher Talente. Literatur, sagt Hao Jingfang, sei ein Spiegel der Realität. «Es ist oft ein Zerrspiegel – aber gerade in diesem Zerrspiegel kann die wahre Natur der Dinge noch klarer zum Vorschein kommen.» Und noch einen Grund gibt es, warum Autoren wie Hao sich für Science Fiction entschieden haben: Das zunehmend unfreie Klima in Chinas intellektueller und literarischer Welt. Zensur und Gedanenkontrolle haben unter Partei- und Staatschef an Schärfe zugelegt. «In China ist die Literatur nicht sehr frei», sagt Hao. «Im Genre Science Fiction ist die Freiheit noch am größten. Das läuft unter dem Radar. Da kann man sich mehr trauen.» Science Fiction erlebt gerade einen kleinen Boom in China, das mag auch mit den Freiräumen zu tun haben, die das Parabelhafte schenkt.

Die internationale Anerkennung ist für chinesische Autoren dabei eher noch etwas Neues. Und dann gleich einen so prominenten Mitbewerber wie Stephen King aus dem Rennen werfen, zu Hause staunten sie: Hao Jingfang hat 2016 im amerikanischen Missouri in der Kategorie «Erzählung» den «Hugo Award» in Empfang genommen, den Preis für beste Science-Fiction-Literatur. Im Jahr davor erst hatte zum ersten Mal ein Chinese gewonnen: Liu Cixin mit seiner Trilogie *Drei Sonnen*. Ein großer Star wird man dabei im Normalfall noch nicht. Der Markt ist noch immer klein. «Wir machen das alle als Hobby», sagt Hao Jingfang. Sie hat einen Tagesberuf, und dazu eine kleine Tochter. Ach ja, daneben betreibe sie auch gerade noch ein kleines Selbststudium, sagt sie: Sie arbeite sich ein in die Felder Psychologie, Neurologie und Archäologie. Fürs Schreiben bleiben die Nacht- und frühen Morgenstunden. Fürs Lesen die jeweils eine Stunde langen Fahrten mit der U-Bahn zu ihrem Arbeitsplatz: Sie arbeitet als Ökonomin für eine Denkfabrik. Berät die Regierung bei den ganz großen Fragen. Soeben haben sie einen Bericht erstellt zur neuen Supermetropole Jing-Jin-Ji, von der Peking nur ein Teil sein soll. Davor forschte sie zum Aufstieg neuer Weltmächte: «Chinas Aufstieg ist nichts Besonderes», sagt sie. «Deutschland, Japan und die Sowjetunion haben Ähnliches erlebt.» Wie kann China die Fehler dieser Mächte vermeiden? Ihr Bericht, sagt sie, habe für ein offenes System plädiert. Eines, das nicht alle Macht und alle Ressourcen zentralisiert. «Eines, das die Stimme des Volkes hören lässt. Das Kreativität zulässt und pflegt.» Die Entwicklung Chinas, das sagt sie nicht, ist gerade eine andere.

Peking falten. Drei Welten existieren hier nebeneinander: der Erste, der Zweite und der Dritte Sektor. Eine unsichtbare und unnahbare, mächtige Elite. Eine bequem und gedankenlos lebende Mittelschicht. («Das wären dann ich und meine Freunde und Kollegen», sagt Hao.) Und ein großes, zusammengepferchtes Proletariat von 50 Millionen Menschen; Arbeiter, die nur für acht Stunden des nachts wach sein dürfen. Kein Kontakt zwischen den einzelnen Räumen, die zu verschiedenen Tageszeiten entfaltet werden. Politische Rebellion auch nicht. Das sei ihr «ein zu großes Klischee», sagt Hao. So leben die Menschen in Haos Peking vor sich hin, leiden, hassen, lieben, und nehmen ihre Welt so, wie sie ist, schulterzuckend. «Sie sehen das Große und Ganze nicht», sagt Hao. «Sie fügen sich.» So wie die Pekinger von heute. Einen aber packt der Schrecken: den Leser.

Kai Strittmatter

Peking falten

1.

Morgens um zehn vor fünf überquerte Lao Dao den belebten Gehweg, um Peng Li aufzusuchen.

Nach dem Ende seiner Schicht in der Müllentsorgungsanlage war Lao Dao zunächst nach Hause gegangen, er hatte geduscht und sich umgezogen. Jetzt trug er ein weißes Hemd und eine braune Hose – die einzige präsentable Kleidung, die er besaß. Die Manschetten des Hemdes waren ausgefranst, deshalb hatte er die Ärmel bis zu den Ellbogen aufgerollt. Lao Dao war achtundvierzig Jahre alt, unverheiratet und längst über die Zeit hinaus, da er noch auf sein Äußeres achtgegeben hatte. Und weil ihn daheim niemand erwartete, der ihn wegen solcher Nachlässigkeiten mit Vorwürfen behelligte, hatte er seine Kleiderordnung einfach seit vielen Jahren nicht mehr geändert. Wann immer er diese beiden Stücke trug, zog er Hemd und Hose anschließend sofort wieder aus, er faltete sie ordentlich auf und legte sie an ihren Platz zurück. Wer bei der Müllentsorgung arbeitete, hatte kaum Anlass, sich stattlich zu kleiden – abgesehen von gelegentlichen Einladungen zu Hochzeitsfeiern von Söhnen oder Töchtern eines Freundes.

Heute fühlte er sich allerdings ein wenig unwohl bei dem Gedanken, er könne bei einem Treffen mit gänzlich Unbekannten womöglich nicht seriös genug wirken. Nach fünf Stunden bei der Müllsortierung fürchtete er zudem, nicht ganz frei von Gerüchen zu sein.

Der Gehweg war angefüllt mit Menschen, die gerade von der Arbeit kamen. Männer und Frauen sammelten sich vor den Ständen der Straßenhändler, sie begutachteten die heimischen Erzeugnisse und feilschten lautstark um Preise. Die Plastiktische der Garküchen waren dicht besetzt; über allem aber lag der Geruch von Bratfett. Die Leute langten ordentlich zu, ihre Gesichter verschwanden hinter den Schalen, die mit scharfen oder sauren Reisnudeln gefüllt waren, und Wolken von weißem Rauch zogen um ihre Köpfe. Andere Stände präsentierten Berge von Jujube-Früchten und Walnüssen, während dicke Brocken von Pökelfleisch hoch oben über den Köpfen der Passanten baumelten. Dies war die lebhafteste Stunde des Tages – die Arbeit war getan, jedermann war hungrig, und das Stimmengewirr war nicht zu überhören.

Lao Dao bahnte sich vorsichtig seinen Weg durch die Menge. Ein Kellner balancierte Schüsseln mit Speisen und verschaffte sich lautstark Platz. Lao Dao hielt sich dicht hinter ihm.

Peng Li lebte weiter unten an der Straße. Lao Dao eilte die Treppe hinauf, doch Peng war nicht zu Hause. Eine Nachbarin erklärte ihm, Peng komme für gewöhnlich erst kurz vor Schließung der Märkte zurück, doch wann genau das sei, vermochte sie nicht zu sagen.

Lao Dao wurde nervös. Er blickte rasch auf die Uhr: Schon fast fünf Uhr morgens.

Er stieg wieder hinab, um am Eingang des Mietshauses zu warten. Eine Gruppe hungriger Jugendlicher hockte dort, sie schlangen ihr Essen hinunter.

Zwei von ihnen kannte Lao Dao – er glaubte jedenfalls, sie schon einige Male bei Peng Li getroffen zu haben. Jeder der Jungen hatte einen Teller mit Chow-mein oder Chow-fun vor sich, und sie teilten die Speisen untereinander. Auf den Tellern herrschte ein wildes Durcheinander; die Essstäbchen fuhren hinein und suchten nach kleinen, womöglich übersehenen Fleischbröckchen unter den Paprikastreifen. Lao Dao schnupperte noch einmal an seinen Unterarmen, um sicher zu sein, dass der Müllgeruch nicht mehr wahrzunehmen war. Das lärmende Chaos des Alltags ringsum war ihm vertraut, er fühlte sich sicher.

«Sag mal, wisst ihr, was sie drüben für eine Portion doppelt gekochtes Schweinefleisch nehmen?» fragte ein Junge namens Li.

«Mist, ich habe gerade Sand zwischen die Zähne bekommen», fluchte Ding, ein stämmiger Bursche; er bedeckte seinen Mund mit einer Hand, deren Fingernägel ziemlich schmutzig waren. «Wir sollten uns das Geld zurückholen!»

Li achtete nicht auf ihn. «Dreihundertvierzig Yuan», sagte er. «Habt ihr gehört? Dreihundertvierzig! Für doppelt gekochtes Schweinefleisch! Und gekochtes Rindfleisch? Vierhundertzwanzig!»

«Warum sind die Sachen bloß so teuer?» murmelte Ding kauend und griff sich an die Wange. «Was tun sie denn schon Besonderes hinein?»

Die beiden anderen kümmerten sich nicht um das Gespräch; sie waren voll und ganz damit beschäftigt, ihr Essen vom Teller in den Mund zu schaufeln. Li betrachtete sie; melancholisch blickte er durch sie hindurch auf etwas, das in weiter Ferne liegen mochte.

Lao Daos Magen knurrte. Er wandte sich rasch ab, aber es war schon zu spät. Sein leerer Magen erschien ihm plötzlich wie ein tiefer Abgrund, und er zitterte am ganzen Leib. Seit einem Monat hatte er sich kein Frühstück mehr gegönnt. Pro Tag hatte er sonst ungefähr hundert Yuan für diese erste Mahlzeit ausgegeben, im Monat ergab das dreitausend Yuan. Sollte er diesen Verzicht ein ganzes Jahr lang durchhalten, könnte er genug sparen, um Tangtang zwei Monate lang in den Kindergarten zu schicken.

Er blickte in die Ferne: Die Fahrzeuge der Straßenreinigung hatten sich schon in Bewegung gesetzt.

La Dao fasste einen Entschluss. Sollte Li Peng nicht rechtzeitig heimkommen, würde er diese Reise eben ohne Hilfe antreten. Natürlich wäre das Unternehmen dann sehr viel schwieriger und gefahrvoller, doch Zeit war ein wesentlicher Faktor, deshalb durfte er nicht warten. Die lauten Rufe einer Händlerin, die ihre Jujube-Früchte anpries, rissen ihn aus den Grübeleien und verursachten ihm Kopfschmerzen. Die Krämer am anderen Ende der Straße packten bereits ihre Waren zusammen, und die Menschenmenge löste sich allmählich auf, so wie Fische in einem Teich in alle Richtungen davonstieben, wenn man ihr Wasser mit einem Stock bewegt. Niemand hatte Lust, sich mit den Männern von der Straßenreinigung anzulegen. Während die Händler ihren Platz räumten, rückten die Reinigungsfahrzeuge langsam vor. Auf den Fußgängerwegen waren Fahrzeuge normalerweise nicht erlaubt, für die Reinigungstruppe galt aber eine Ausnahme. Auf Leute, die herumtrödelten, nahmen sie keinerlei Rücksicht.

Zu guter Letzt erschien Peng Li tatsächlich: Sein Hemd war aufgeknöpft, zwischen den Lippen steckte ein Zahnstocher, er schlenderte gemächlich und rülpste von Zeit zu Zeit. Peng Li hatte die sechzig überschritten, er war träge und nachlässig geworden. Seine Wangen hingen herab wie bei einem Shar-Pei-Hund, weshalb es schien, als sei er ständig übellaunig. Betrachtete man ihn ganz unvoreingenommen, wie er da ankam, mochte man ihn für den geborenen Verlierer halten, dessen einziges Ziel im Leben darin bestand, sich den Bauch vollzuschlagen. Doch Lao Dao erinnerte sich noch sehr genau daran, wie ihm sein Vater als Kind von den großen Taten des Peng Li erzählt hatte, der damals bereits ein junger Mann war.

Lao Dao erhob sich und trat auf Peng zu. Noch bevor Peng Li ihn begrüßen konnte, legte Lao Dao los: «Ich habe keine Zeit für Erklärungen, aber ich muss unbedingt in den Ersten Sektor. Kannst du mir sagen, was ich zu beachten habe?»

Peng Li war sprachlos. Schon seit zehn Jahren hatte niemand mehr mit ihm über den Ersten Sektor geredet. In den Fingern hielt er den Überrest des Zahnstochers – das Hölzchen war ihm zwischen den Zähnen zerbrochen, ohne dass er es bemerkt hätte. Einen Moment lang schwieg er, doch dann entdeckte er die Angst in Lao Daos Gesicht, und er zog ihn näher zum Haus. «Komm mit in meine Wohnung und lass uns reden. Du musst sowieso von dort aufbrechen, wenn du wirklich gehen willst.»

Die Männer von der Straßenreinigung hatte den Ort beinahe erreicht, und die Menge zerstob wie Blätter im Herbstwind. «Geht nach Hause! Geht nach Hause! Nicht mehr lange bis zur Faltung», rief jemand von einem der Lastwagen.

Peng Li nahm Lao Dao mit nach oben in die Wohnung. Seine schlichte Behausungseinheit für alleinstehende Bewohner war karg möbliert: Sechs Quadratmeter Fläche, ein Bad, eine Kochnische, Tisch und Stuhl und ein Kokon-Bett, das an der Unterseite mit Schubladen versehen war, in denen man Kleidung und sonstige Besitztümer aufbewahrte. Die Wände waren mit Wasserflecken und Fußabdrücken übersät und ansonsten nackt, von ein paar wahllos eingeschraubten Haken abgesehen, an denen man Jacken, Hosen und Wäsche aufhängen konnte. Peng nahm als erstes Kleidung und Handtücher von den Wandhaken und stopfte alles in die Schubladen. Während der Faltung durfte nichts ungesichert herumliegen. Auch Lao Dao hatte früher einmal in einer solchen Behausungseinheit für Alleinstehende gewohnt. Schon beim Eintreten atmete er das Aroma der Vergangenheit.

Peng Li ließ Lao Dao nicht aus den Augen. «Ich werde dir den Weg nicht zeigen, solange du mir keinen Grund nennst.»

Mittlerweile war es halb sechs. Lao Dao blieb gerade noch eine halbe Stunde.

Und so skizzierte Lao Dao ihm rasch die wichtigsten Begebenheiten: wie er die Flasche mit der versteckten

Botschaft gefunden und sich anschließend in der Nähe des Müllschachts versteckt hatte – eine Flaschenpost, die ihn um einen Botendienst im Zweiten Sektor bat; wie er sich entschlossen hatte, den Dienst zu übernehmen und sich hier Rat zu holen. Jetzt blieb ihm allerdings nur noch so wenig Zeit, dass er gleich wieder aufbrechen musste.

«Du hast dich letzte Nacht bei den Müllschächten versteckt, um dich in den Zweiten Sektor einzuschleichen?» Peng Li runzelte die Stirn. «Demnach musstest du vierundzwanzig Stunden warten.»

«Für zweihunderttausend Yuan?» erwiderte Lao Dao. «Selbst wenn ich mich eine ganze Woche verstecken müsste, wäre das die Sache wert.»

«Ich wusste gar nicht, dass du so knapp bei Kasse bist.»

Lao Dao schwieg einen Augenblick. «Tangtang kommt doch in einem Jahr ins Vorschulalter. Ich habe einfach keine Zeit mehr.»

Er sah sich nämlich in einer verzweifelten Lage, seit er sich mit Fragen der Schulbildung befasst hatte. Denn um einen Platz in einer solchen Vorschule mit halbwegs gutem Ruf zu erobern, mussten beide Eltern sich für gewöhnlich mit ihren Schlafsäcken einige Tage lang in eine Schlange einreihen, um ihr Kind anzumelden. Die Partner wechselten einander ab; während einer den Platz in der Schlange verteidigte, konnte der andere rasch zur Toilette gehen oder sich eine Kleinigkeit zu essen besorgen. Und selbst wenn man auf diese Weise mehr als vierzig Stunden anstand, war der Erfolg keineswegs garantiert. Wohlhabende

Eltern kauften ihren Kindern frühzeitig die besten Plätze, und die weniger Betuchten mussten eben die Wartezeit in der Schlange über sich ergehen lassen in der Hoffnung, auf diese Weise womöglich einen der wenigen Restplätze zu ergattern. Und so verhielt es sich allenfalls bei den *akzeptablen* Schulen. Die wirklich guten Schulen? Da konnte man sich das Anstehen von vornherein schenken – Eltern mit dem nötigen Vermögen hatten jeden in Frage kommenden Platz schon vorab belegt. Lao Dao machte sich übrigens keine Illusionen – aber Tangtang liebte nun einmal die Musik, seit sie anderthalb Jahre alt war. Wann immer sie draußen auf der Straße Musik hörte, leuchteten ihre Augen, sie wirbelte ihre Arme durch die Luft und bewegte sich, als wolle sie tanzen. In diesen Momenten wirkte sie ganz besonders niedlich. Lao Dao war dann einfach hingerissen – und sah sie wie auf einer Bühne im Rampenlicht. Koste es also, was es wolle, so schwor er sich, Tangtang musste eine Vorschule besuchen, in der Tanz und Musik auf dem Lehrplan standen.

Peng Li legte sein Hemd ab und wusch sich, während er sich mit Lao Dao unterhielt. Die Wäsche bestand allerdings nur aus ein paar Spritzern Wasser, die er sich ins Gesicht rieb, denn das Wasser war bereits abgedreht und aus dem Hahn tröpfelte nur noch ein Rinnsal. Peng Li griff sich ein schmutziges Handtuch und fuhr sich damit achtlos durchs Gesicht, bevor er es ebenfalls in der Schublade verstaute. Sein feuchtes Haar glänzte wie von Öl.

«Warum gibst du dir solche Mühe?» fragte Peng Li. «Ich denke, sie ist gar nicht dein leibliches Kind.»

«Keine Zeit für solche Debatten», sagte Lao Dao. «Zeig mir einfach nur den Weg.»

Peng Li seufzte. «Begreifst du nicht, was passiert, falls man dich erwischt? Du zahlst nicht einfach eine Strafe. Du kommst für Monate hinter Gitter.»

«Ich dachte, du wärest früher häufig drüben gewesen.»

«Nur viermal. Beim fünften Mal haben sie mich gefasst.»

«Das ist mehr als genug. Falls ich es viermal schaffe, können sie mich ruhig beim fünften Mal schnappen.»

Lao Daos Auftrag bestand darin, eine Botschaft aus dem Zweiten Sektor in den Ersten Sektor zu befördern. Dafür winkten im Falle des Erfolgs hunderttausend Yuan. Sollte es ihm gelingen, eine Antwort zurückzubringen, bekäme er zweihunderttausend. Natürlich war das gegen die Gesetze, aber niemand kam dabei zu Schaden, und solange er den richtigen Weg wählte und die richtige Vorgehensweise, war die Wahrscheinlichkeit einer Entdeckung nicht sonderlich groß. Das Geld aber, das Geld war sehr real. Warum also sollte er dieses Angebot ausschlagen? Eines wusste er nämlich genau: Als Peng Li noch jung war, hatte der sich viele Male in den Ersten Sektor begeben und ein Vermögen mit Schmuggelwaren verdient. Es gab also einen Weg.

Inzwischen war es viertel vor sechs. Er musste aufbrechen, und zwar jetzt.

Abermals seufzte Peng Li. Er sah ein, dass es zwecklos war, Lao Dao noch aufzuhalten. Er selbst war zwar älter und fühlte sich träge und müde, doch erinnerte er sich noch recht gut an alles, was er einst als junger

Mann empfunden hatte – damals hätte er die gleiche Wahl getroffen wie Lao Dao. Auch ihm war es früher gleichgültig gewesen, ob er ins Gefängnis wanderte. Was war schon groß dabei? Man verlor ein paar Monate und wurde einige Male geschlagen, aber das Geld entschädigte dafür. Solange man sich nur standhaft weigerte, über die Herkunft des Geldes zu reden, egal wie sehr sie einem zusetzten, konnte man das überstehen. Eine Vorladung des Sicherheitsdienstes war eine Routineangelegenheit.

Peng Li trat mit Lao Dao ans rückwärtige Fenster und deutete auf den schmalen Pfad, der unten zwischen den Schatten verborgen lag.

«Zunächst kletterst du von meiner Wohneinheit aus die Regenrinne herunter. Unter dem Filz findest du verdeckte Trittsteine, die ich damals angebracht habe – wenn du dich eng genug an die Wand presst, bewegst du dich durch den toten Winkel der Kamera. Bist du unten, halte dich im Schatten und lauf in diese Richtung, bis du an die Kante kommst. Die Spalte wirst du sehen und fühlen. Folge der Spalte in Richtung Norden. Nicht vergessen, geh nach Norden.»

Anschließend redete Peng Li noch über die Techniken, die man benötigte, um den Ersten Sektor zu erreichen, während der Boden sich auffaltete. Lao Dao sollte einfach warten, bis der Untergrund sich teilte und in die Höhe fuhr. Von der erhöhten Kante musste er sich anschließend hinüberschwingen und rund fünfzig Meter über die Kanten der Faltung kriechen, bis er die andere Seite der rotierenden Erde erreichte, er musste sich hinüberhangeln und nach

Osten eilen. Dort würde er einen Strauch finden, an den er sich klammern konnte, während der Boden sich senkte und schloss. In diesem Strauch konnte er sich anschließend auch verstecken. Noch bevor Peng seinen Vortrag beendet hatte, war Lao Dao schon halb aus dem Fenster geklettert und machte sich bereit zum Abstieg.

Peng Li schaute Lao Dao zu und vergewisserte sich, dass dessen Fuß sicher auf dem ersten Trittstein ruhte. Er zögerte kurz. «Ich möchte dir noch etwas sagen, was du vermutlich nicht gern hören wirst. Ich denke, du solltest nicht gehen. Drüben ... ist es nicht so großartig. Sobald du drüben warst, glaubst du, dein eigenes Leben sei Mist, vollkommen sinnlos.»

Lao Dao tastete sich mit dem zweiten Fuß nach unten und suchte den nächsten Halt. Er klammerte sich an die Fensterbank und brachte die Antwort nur mühsam heraus. «Das spielt keine Rolle. Ich weiß sowieso, dass mein Leben Mist ist, auch ohne dass ich dort war.»

«Pass auf dich auf», sagte Peng Li.

Lao Dao hielt sich strikt an die Hinweise des Älteren. Er kletterte so schnell herab wie möglich; die Trittsteine gaben ihm Sicherheit. Kurz blickte er auf; über sich sah er, wie Peng Li sich eine Zigarette anzündete und den Rauch mit tiefen Zügen inhalierte. Jetzt drückte Peng Li die Zigarette wieder aus, er lehnte sich aus dem Fenster, schien noch etwas sagen zu wollen, doch dann zog er sich schweigend in seine Wohnung zurück. Er schloss das Fenster, dessen Scheibe noch einen schwachen Lichtschein warf.

Lao Dao sah vor seinem inneren Auge, wie Peng Li im letzten Augenblick in sein Kokon-Bett kletterte, gerade noch rechtzeitig vor der Faltung. Wie Millionen ähnlicher Betten überall in der Stadt würde Peng Lis Kokon-Bett ein betäubendes Gas verströmen, das den darin Liegenden in einen tiefen Schlaf versetzte. Er würde nicht das Geringste spüren, während sein Leib beim Falten der Welt hinauf- und hinabstieg, und er würde seine Augen erst morgen abend wieder öffnen, vierzig Stunden später. Peng Li war nicht mehr jung; er unterschied sich in nichts mehr von den übrigen fünfzig Millionen, die im Dritten Sektor lebten.

Lao Dao kletterte schneller, er berührte kaum noch die vorspringenden Stufen. Als er weit genug unten war, ließ er sich einfach fallen und landete auf allen Vieren. Ein Glück, dass Peng Lis Apartment sich schon im dritten Stock befand, also nicht allzu hoch oben. Lao Dao sprang auf und lief durch den Schatten, den das Gebäude am See warf. Schon erspähte er die Spalte im Gras; dort würde der Boden sich öffnen.

Noch bevor er sie erreicht hatte, hörte er hinter sich ein gedämpftes Rumpeln, unterbrochen von heftigem Klirren. Lao Dao wandte sich um und sah, wie Peng Lis Mietshaus in zwei Teile zerbrach. Die obere Hälfte klappte nach unten, sie bewegte sich direkt auf ihn zu – langsam, doch unerbittlich.

Erschrocken starrte Lao Dao das Schauspiel an, dann kam er wieder zu sich. Er eilte zur Spalte im Boden und streckte sich daneben aus.

Die Faltung begann. Dieser Vorgang wiederholte sich alle vierundzwanzig Stunden. Die ganze Welt begann sich zu verschieben. Überall dröhnte der Lärm von Stahl und Ziegeln, die sich falteten und knirschend aneinander rieben – es klang wie ein Fließband, das quietschend zum Stillstand kommt. Die hoch aufgetürmten Bauten der Stadt rückten eng aufeinander und verschmolzen zu festen Blöcken; Leuchtreklamen, Vordächer von Läden, Balkone und andere vorspringende Bauteile wurden in die Gebäude hineingezogen, oder sie pressten sich als hauchdünne Auflagen an die Wände, gleich einer Haut. Kein Quadratzentimeter Raum blieb ungenutzt, wenn die Häuser in ihre kleinstmögliche Form gepresst wurden.

Nun hob sich der Boden. Lao Dao beobachtete den Vorgang und wartete, bis der Spalt breit genug war. Er stieg über die Marmorkante zur senkrechten Erdwand; dabei klammerte er sich an kleine Metallteile, die aus dem Boden ragten. Als die Spalte breiter wurde und die Wände emporwuchsen, begann er mit Händen und Füßen zu klettern. Zunächst hangelte er sich abwärts und tastete sich mit den Füßen voran. Schon bald aber begann sich der gesamte Abschnitt zu drehen, Lao Dao stieg hoch in die Luft, er wirbelte auf und nieder und im Kreis herum.

Lao Dao dachte an die zurückliegende Nacht.

Vorsichtig hatte er seinen Kopf aus dem Abfallhaufen herausgestreckt und auf jedes Geräusch aus der Welt jenseits des Tores achtgegeben. Der modrige Müll verbreitete einen ekelhaften Gestank: ölig, fischig, sogar ein wenig süßlich. Lao Dao lehnte sich gegen das eiserne Tor. Draußen erwachte gerade die Welt.

Sobald der gelbe Glanz der Straßenlaternen durch den Spalt unter dem Tor schimmerte, kauerte Lao Dao sich nieder; als das Tor langsam nach oben fuhr, glitt er durch die Öffnung hinaus.

Die Straßen waren noch menschenleer. In den Hochhäusern sprangen die Lichter an, Stockwerk für Stockwerk; und aus den Seitenwänden der Häuser fuhren feste Bauteile heraus, entfalteten und dehnten sich, ein Segment nach dem anderen: Vorbauten schoben sich aus den Fassaden, die Dachrinnen begannen zu rotieren und rasteten schließlich an den Traufen ein; Treppen klappten auf und senkten sich zum Boden hin ab. Auf beiden Seiten der Straße öffnete sich ein schwarzer Kubus nach dem anderen, sie entfalteten sich und enthüllten verborgene Strukturen. An der Oberkante der Blöcke traten Ladenschilder hervor, die sich mit benachbarten Schildern verbanden, während sich auf den gegenüberliegenden Seiten des Gehwegs Plastikmarkisen nach vorn schoben und in der Mitte trafen, sodass eine Art Korridor von Läden entstand. Die Straßen aber waren immer noch leer, und Lao Dao fühlte sich wie im Traum.

Nun flackerten die Neonlichter auf. Kleine LED-Birnchen über den Läden zeichneten Werbebotschaften an die Wände – für Jujube-Früchte aus Xinjiang, Nudeln aus dem Nordosten Chinas, Bran Dough aus Shanghai und Pökelfleisch aus Hunan.

Den ganzen Tag über konnte Lao Dao diese Szene nicht mehr vergessen. Seit achtundvierzig Jahren lebte er nun schon in seiner Stadt, aber so etwas hatte er noch nie gesehen. Seine Tage begannen und endeten jahrein, jahraus im Kokon; in der Zeit dazwischen war man bei der Arbeit, oder man schob sich an den schmutzigen Tischen der Garküchen entlang und durch dichte Menschentrauben, die an den Ständen der Straßenhändler lautstark um Preisnachlässe feilschten. Jetzt hatte er zum ersten Mal die nackte Welt erblickt.

Wer die Stadt aus einiger Entfernung betrachtete – etwa ein Lastwagenfahrer, der am Highway nach Peking auf die Weiterfahrt wartete –, konnte jeden Morgen dabei zuschauen, wie die Stadt sich zusammenfaltete und wieder öffnete.

Morgens um sechs kletterten diese Fahrer für gewöhnlich aus ihren Kabinen und vertraten sich am Rande des Highways die Beine; sie rieben sich die Augen, die nach einer unbequemen Nacht im Fahrzeug noch müde waren vom fehlenden Schlaf. Gähnend grüßten sie einander und blickten zum Zentrum Pekings hinüber. Der Highway war kurz vor der Siebten Ringstraße durchschnitten; die Rotation des Erdbodens vollzog sich jenseits der Sechsten Ringstraße. Aus dieser Entfernung hatte man einen perfekten Blick auf die gesamte Innenstadt, so als betrachte man eine Insel mitten im Meer.

Jeden Morgen vollzog sich das Schauspiel der Faltung, die Stadt schien dann in sich zusammenzustürzen. Die Wolkenkratzer neigten sich wie devote Dienstboten, deren Antlitz schließlich die Füße berührt; sie schüttelten sich, falteten sich erneut zusammen und verdrehten Hals und Arme, um alles Vorstehende in die entstandenen Hohlräume zu pressen. Schlanke

Wolkenkratzer schrumpften auf diese Weise zu kompakten Blöcken, die ihrerseits zu dicht gepackten Quadern gefügt wurden, gewaltigen Zauberwürfeln gleich, die endlich in einen tiefen Schlaf fanden.

War dies geschehen, begann der Boden sich zu wenden. Ein Areal nach dem anderen, an eigenen Achsen aufgehängt, drehte sich um 180 Grad, sodass die Bauwerke der anderen Seite ins Licht traten. Diese Gebäude aber entfalteten sich nun und strebten nach oben, sie erwachten wie eine Herde großer Tiere unter einem graublauen Himmel. Die Insel der Innenstadt dehnte sich im orangefarbenen Morgenlicht, sie öffnete und reckte sich und stand am Ende ruhig da, während Wolkendunst über sie hinzog.

Die Lastwagenfahrer, müde und hungrig, bewunderten ihn jedenfalls – den endlosen Zyklus urbaner Erneuerung.

2.

Die faltbare Stadt war in drei Sektoren unterteilt. Auf der einen Seite ihrer Fläche befand sich der Erste Sektor; darin lebten fünf Millionen Menschen. Der ihnen zugemessene Tag dauerte von sechs Uhr morgens bis sechs Uhr am darauffolgenden Morgen. Dann begab dieser Sektor sich zur Ruhe, und die Erde kippte nach unten.

Die Rückseite gehörte dem Zweiten und dem Dritten Sektor. Fünfundzwanzig Millionen lebten im Zweiten Sektor, ihre Zeit währte von sechs Uhr morgens – an jedem zweiten Tag – bis um zehn Uhr nachts. Den Dritten Sektor bewohnten fünfzig Millionen Menschen; ihnen blieb nur noch die Zeit von zehn Uhr in der Nacht bis morgens um sechs – also bis der Erste Sektor zurückkehrte. Sehr sorgfältig hatte man die Zeit gegliedert und in Segmente zerlegt, um die Bevölkerungsgruppen voneinander zu trennen: Fünf Millionen kamen in den Genuss voller vierundzwanzig Stunden und fünfundsiebzig Millionen mussten sich die nächsten vierundzwanzig Stunden teilen.

Übrigens befanden sich die Baukörper auf beiden Seiten des Erdbodens keineswegs im Gleichgewicht. Um dieses Ungleichgewicht auszutarieren, hatte man die Erde im Ersten Sektor verstärkt, wobei man in den Boden zusätzlichen Ballast einsenkte, um aufzufangen, was dort an Menschen- und Gebäudelast fehlte. Die Bewohner des Ersten Sektors hielten den zusätzlichen

Boden für ein naturgegebenes Symbol ihres reicheren und tieferen Kulturerbes.

Lao Dao hatte von Geburt an im Dritten Sektor gelebt. Was das bedeutete, war ihm durchaus bewusst, auch ohne dass Peng Li darauf hätte hinweisen müssen. Er war Arbeiter in der Müllentsorgung; seit achtundzwanzig Jahren hatte er Abfälle sortiert, und daran würde sich auf absehbare Zeit auch nichts mehr ändern. Einen Sinn im Leben hatte er bisher nicht entdeckt, aber er hatte sich auch noch nicht in den letzten Ausweg geflüchtet, den Zynismus; er blieb einfach auf seinem bescheidenen Platz sitzen, den das Leben ihm bereitet hatte.

Lao Dao war in Peking zur Welt gekommen. Schon sein Vater hatte bei der Müllentsorgung gearbeitet. Sein Vater hatte ihm einst erzählt, dass er diesen Job gerade in dem Moment erhielt, als Lao Dao geboren wurde – die Familie feierte deshalb drei Tage lang. Ursprünglich aber war Lao Daos Vater Bauarbeiter gewesen – einer von unzähligen Bauarbeitern aus China, die es auf der Suche nach Arbeit in die Stadt Peking verschlagen hatte. Der Vater war einer jener Arbeiter, die damals die faltbare Stadt errichteten. Viertel für Viertel bauten sie das alte Peking um. So wie Termiten über ein hölzernes Haus herfallen, hatten sie die Ruinen der alten Zeiten abgetragen und durchgekaut, die Erde umgewendet und eine schöne neue Welt erschaffen. Hammer und Axt schwangen sie, den Kopf gesenkt; Ziegel für Ziegel mauerten sie sich selber ein, bis sie den Himmel nicht mehr sahen. Staub benahm ihnen die Sicht, sodass sie ihr Werk in all seiner Pracht niemals vor Augen hatten. Als die Bauwerke schließlich vollendet waren und wie lebende Wesen vor ihnen standen, ergriff sie der Schrecken, und sie zerstreuten sich in alle Winde, als ob sie einem Ungeheuer auf die Welt geholfen hätten. Nachdem sie sich wieder beruhigt hatten, ahnten sie freilich, welche Ehre es sei, künftig in einer solchen Stadt zu leben, und sie hatten fleißig und fügsam weiter geschuftet und nach Möglichkeiten gesucht, in Peking wohnen zu dürfen. Als die faltbare Stadt fertig war, wollten angeblich mehr als achtzig Millionen Bauarbeiter dort bleiben. Am Ende aber gewährte man nur zwanzig Millionen das Recht, sich hier niederzulassen.

Es war gar nicht so einfach gewesen, einen Arbeitsplatz bei der Müllentsorgung zu finden. Obwohl die Tätigkeit eigentlich nur im Sortieren von Abfällen bestand, hatten sich so viele Menschen beworben, dass strengste Auswahlkriterien angelegt werden mussten. Die Kandidaten sollten kräftig und geschickt sein, von gutem Urteilsvermögen und planvoller Herangehensweise, dazu sorgfältig und abgehärtet gegen den Gestank einer problematischen Arbeitsumgebung. Lao Daos Vater war willensstark; er hatte sich ans Schilfrohr dieser Möglichkeit geklammert, als die Menschenflut um ihn herum wie eine Welle in die Höhe stieg und sich dann verlief – während er als Glücklicher am trockenen Ufer zurückblieb.

Der Vater hielt den Kopf gesenkt und arbeitete zwanzig Jahre lang still vor sich hin, trotz der Enge und trotz des ätzenden Gestanks nach verrottendem

Müll. Er hatte diese Stadt erbaut; er lebte darin, und er half bei ihrer Zersetzung.

Die faltbare Stadt hatte man zwei Jahre vor Lao Daos Geburt vollendet. Lao Dao war niemals irgendwo anders gewesen, und er hatte auch nie den Wunsch verspürt, anderswo hinzugehen. Er absolvierte die Grundschule, die Mittelschule und die Oberschule, und er nahm dreimal an der alljährlichen Aufnahmeprüfung fürs College teil – und fiel dreimal durch. Am Ende wurde er dann eben auch ein Müllarbeiter. Jede Schicht in der Müllsortierungsanlage dauerte fünf Stunden, von elf Uhr nachts bis morgens früh um vier. Gemeinsam mit Zehntausenden anderer Arbeiter durchsuchte er die Abfälle rasch und mechanisch; was immer ihm unter den Lebensfragmenten aus dem Ersten und Zweiten Sektor weiterverwertbar schien, griff er heraus und warf es in den Schmelzofen. Tag für Tag blickte er auf den Müll, den das Förderband, einem Flusse gleich, an ihm vorübertrug; er kratzte Essensreste von Plastikgeschirr, fischte zerbrochene Glasflaschen heraus, er trennte die dünnen Kunststofffolien von blutigen Monatsbinden und stopfte sie in den Recyclingbehälter, der mit grünen Linien markiert war. Dies aber war ihrer aller gemeinsames Schicksal: sich mühsam durchzuschlagen, indem sie die immer gleiche Plackerei so eilig wie möglich vollführten, Stunde um Stunde zu schuften für einen Lohn, der so schmal und unscheinbar war wie die Flügel einer Zikade.

Zwanzig Millionen Müllarbeiter lebten im Dritten Sektor; sie waren die Herren der Nacht. Die übrigen dreißig Millionen verdienten ihren Lebensunterhalt mit dem Verkauf von Kleidung, Nahrungsmitteln, Brennstoff oder Versicherungen, doch den meisten Menschen war sehr bewusst, dass es eigentlich die Müllarbeiter waren, die den Wohlstand des Dritten Sektors begründeten. Wann immer Lao Dao durch die neongeschmückten nächtlichen Straßen schlenderte, überkam ihn das Gefühl, er wandle unter Regenbogen, die aus allerlei Speisen bestanden. Natürlich konnte er mit anderen nicht über diesen Eindruck reden. Überhaupt blickte die jüngere Generation mittlerweile hochmütig auf den Berufsstand des Müllarbeiters herab; die Jungen posierten lieber auf den Tanzflächen der Nachtclubs und träumten von einem Job als DJ oder Tänzer. Und sie bevorzugten sogar eine Anstellung in einem Bekleidungsladen: Dort glitten ihre Finger über feine Stoffe, statt in verrottetem Abfall nach Plastik oder Metall zu tasten. Ums Überleben machten die Jungen sich keine Sorgen mehr; sie kümmerten sich eher um ihr Äußeres.

Lao Dao verachtete seine Arbeit keineswegs. Doch auf dem Weg in den Zweiten Sektor fürchtete er trotzdem, man werde dort auf ihn herabschauen.

Am Morgen zuvor hatte Lao Dao sich mit einem Stück Papier aus der Müllverarbeitungsanlage fortgeschlichen, um den Urheber jener Botschaft aufzusuchen, dessen Adresse auf dem Zettel stand.

Vom Dritten Sektor war es nicht mehr weit bis zum Zweiten. Beide Sektoren befanden sich auf der gleichen Seite der Erde, getrennt nur durch die Zeit.

Bei der Faltung klappten die Häuser des einen Sektors zusammen und versanken im Boden, während die Gebäude des anderen Sektors emporwuchsen, Stück für Stück, wobei die Dächer des jeweils anderen Sektors als Fundamente dienten. Der einzige Unterschied zwischen beiden Sektoren bestand in der Dichte der Bebauung. Lao Dao musste einen ganzen Tag und eine Nacht in der Müllentsorgungsanlage ausharren, bis der Zweite Sektor sich auffaltete. Für ihn war es der erste Besuch im Zweiten Sektor, doch verspürte er keine Angst. Sorgen machte er sich nur wegen des beißenden Geruchs, der an ihm haftete.

Glücklicherweise war Qin Tian ein großzügiger Mann. Mag sein, dass ihm ohnehin klar war, mit welcher Art Mensch er es zu tun bekäme, seit er den Papierschnipsel in die Flasche gestopft hatte.

Qin Tian war wirklich außerordentlich zuvorkommend. Schon beim ersten Blick wusste er, weshalb Lao Dao vor seiner Tür aufgetaucht war. Rasch zog er ihn in seine Wohnung, er bot ihm ein heißes Bad an und lieh ihm einen seiner Bademäntel. «Ich muss mich auf Sie verlassen können», sagte Qin Tian.

Qin war Student im höheren Semester, er wohnte in einem Apartment der Universität. Er teilte sich die Wohnung mit drei Kommilitonen; sie bestand aus vier Schlafzimmern, einer Küche und zwei Bädern. Noch nie hatte Lao Dao sich in einem derart geräumigen Badezimmer gewaschen; am liebsten hätte er eine ganze Weile im Wasser gelegen, um sich einmal gründlich vom Geruch zu befreien. Andererseits wollte er die Wanne auch nicht beschmutzen, und so wagte er es nicht, sich allzu gründlich mit dem Waschlappen abzureiben. Die Luftblasen, die aus Düsen am Wannenrand aufstiegen, verwirrten ihn, und das Abtrocknen mit einem Heißluftgebläse machte ihn nervös. Als er fertig war, griff er zwar gleich nach dem Bademantel, den Qin Tian ihm hingelegt hatte, aber er zog ihn erst nach längerem Zögern an. Dann wusch er seine eigenen Sachen zusammen mit einigen Hemden, die jemand in ein Becken geworfen hatte. Geschäft war Geschäft, und er wollte niemandem etwas schuldig bleiben.

Qin Tian wollte einer Frau, die ihm gefiel, ein Geschenk überbringen lassen. Die beiden hatten sich bei der Arbeit kennengelernt, als Qin Tian im Rahmen eines Praktikums bei der Wirtschaftsabteilung der Vereinten Nationen in den Ersten Sektor reisen durfte; dort war auch sie beschäftigt. Das Praktikum hatte nur einen Monat gedauert. Qin berichtete Lao Dao, die junge Frau sei im Ersten Sektor geboren und aufgewachsen, und zwar unter der Obhut äußerst strenger Eltern. Nie würde ihr Vater eine Verabredung mit einem Burschen aus dem Zweiten Sektor gestatten, deshalb kamen die üblichen Wege zur Kontaktaufnahme nicht in Frage. Qin blickte übrigens sehr optimistisch in die Zukunft: Nach dem Examen wollte er sich bei einem Jugendprojekt der Vereinten Nationen bewerben, und sollte er ausgewählt werden, sei sogar mit der Erlaubnis zu rechnen, aus beruflichen Gründen in den Ersten Sektor zu wechseln. Allerdings habe er noch ein komplettes Studienjahr vor sich und könne das kaum ertragen, beinahe krank sei er vor Sehnsucht nach der Geliebten. Er hatte ihr ein rosenförmiges Medaillon gebastelt, es leuchtete im Dunkeln: Mit diesem Geschenk wollte er um ihre Hand anhalten.

«Wissen Sie, ich war bei diesem Symposion – wo es um die Schulden der Vereinten Nationen ging. Davon müssten Sie eigentlich gehört haben ... jedenfalls sah ich sie dort auf einmal, und ich fühlte nur: *Aah!* Ich ließ alles stehen und liegen und ging sofort zu ihr herüber, um sie anzusprechen. Sie begleitete die VIPs zu ihren Plätzen, und mir fiel nichts ein, was ich ihr hätte sagen können, deshalb lief ich einfach nur hinter ihr her. Schließlich tat ich so, als sei ich auf der Suche nach Dolmetschern, und ich bat sie um Hilfe. Sie war so freundlich, und ihre Stimme klang unglaublich sanft. Ich war vorher noch nie richtig mit einem Mädchen ausgegangen, wissen Sie, deshalb war ich hypernervös ... Als wir uns dann später regelmäßig trafen, habe ich ihr gebeichtet, wie es zur ersten Begegnung gekommen war ... Warum lachen Sie? Ja, wir haben uns verabredet. Nein, ich glaube nicht, dass wir schon diese Art von Beziehung hatten ... aber wir haben uns geküsst.» Qin Tian stimmte verwirrt ins Gelächter ein. «Ehrlich! Glauben Sie mir nicht? Ach, ich schätze, manchmal kann ich es selbst kaum glauben. Denken Sie, dass sie mich wirklich mag?»

«Ich habe keine Ahnung», antwortete Lao Dao. «Ich bin ihr ja nie begegnet.»

Einer von Quin Tians Mitbewohnern trat lächelnd ein und sagte: «Nehmen Sie seine Frage etwa ernst? Das ist keine echte Frage. Er möchte einfach nur hören: ‹Aber selbstverständlich ist sie in Sie verknallt! Sie sind doch so attraktiv!›»

«Sie muss wirklich eine Schönheit sein.»

«Ich glaube nicht, dass Sie mich auslachen werden.» Qin Tian ging im Zimmer auf und ab. «Wenn Sie sie erst gesehen haben, werden Sie verstehen, was der Ausdruck ‹makellose Schönheit› wirklich bedeutet.»

Qin Tian blieb unvermittelt stehen und versank in Träumereien. Er dachte an Yi Yans Mund. Von allen Teilen ihres Leibes war der Mund ihm vielleicht am allerliebsten: so winzig und weich, mit einer wohlgeformten Unterlippe, die in einem natürlichen und gesunden Hellrot leuchtete; er sehnte sich danach, liebevoll an diesen Lippen zu knabbern ... Auch der Hals erregte ihn. Manchmal wirkte er so schlank, dass die Sehnen hervortraten, aber als hübsche gerade Linien. Die Haut war schön und zart, sie verschwand unter dem Kragen ihrer Bluse, und seine Augen ruhten auf dem Knopf darunter ... Als er zum ersten Mal versuchte, sie zu küssen, hatte sie ihre Lippen ängstlich abgewandt. Doch er war standhaft geblieben, bis sie nachgab, die Augen schloss und den Kuss erwiderte. Ihre Lippen waren so sanft, und mit seinen Händen hatte er ihre Taille und ihren Rücken gestreichelt, immer wieder. Seit jenem Tag lebte er im Land der Sehnsucht. Des nachts erschien sie ihm in seinen Träumen, und sie war das Licht seiner Tage, wenn er zitterte und verzagte.

Qin Tians Mitbewohner wurde Zhang Xian genannt; offensichtlich freute ihn die Gelegenheit, mit Lao Dao zu plaudern.

Zhang Xian erkundigte sich nach Lao Daos Lebensumständen im Dritten Sektor. Dabei erwähnte er, dass er tatsächlich gern eine Zeitlang im Dritten Sektor leben würde. Man hatte ihn nämlich wissen lassen, für eine erfolgreiche Karriere in der Verwaltung sei eine gewisse Erfahrung in der Administration des Dritten Sektors durchaus von Vorteil. Manch hoher Beamter habe sein Laufbahn in der Leitung des Dritten Sektors begonnen, bevor er in den Ersten Sektor aufgestiegen sei. Wären sie dagegen im Zweiten Sektor geblieben, hätte man sie nirgendwo anders hingehen lassen, sie hätten den Rest ihres Berufslebens als niederrangige Kader zubringen müssen. Zhang Xian strebte eine Stelle bei der Regierung an, und er war überzeugt davon, den rechten Weg zu kennen. Zunächst aber wollte er einige Jahre lang bei einer Bank arbeiten, um schnelles Geld zu verdienen. Lao Dao reagierte zurückhaltend auf diese Überlegungen, sodass Zhang Xian den Eindruck gewann, sein Gesprächspartner missbillige womöglich ein solches Karrieredenken.

«Unsere gegenwärtige Regierung ist zu ineffektiv und verknöchert», fügte er rasch hinzu, «sie reagiert viel zu langsam auf die Herausforderungen, und ich habe kaum Hoffnung auf strukturelle Reformen. Sollte ich eine Chance bekommen, werde ich auf rasche Reformen drängen: Wer inkompetent ist, wird einfach an die Luft gesetzt.» Und da Lao Dao sich noch immer nichts anmerken ließ, ergänzte er: «Außerdem werde ich den Bewerberpool für den öffentlichen Dienst und für die höhere Laufbahn erweitern und auch Kandidaten aus dem Dritten Sektor eine Chance geben.»

Lao Dao schwieg. Nicht etwa, weil er den Worten misstraute; er nahm Zhang Xians Ausführungen einfach nicht ernst.

Während er mit Lao Dao redete, schaute Zhang Xian in den Spiegel, band sich eine Krawatte und brachte die Frisur in Form. Er trug ein hellblau gestreiftes Hemd, auch die Krawatte war hellblau. Er schloss die Augen und runzelte die Stirn, während der Nebel aus Haarspray rund um sein Gesicht niedersank; dabei pfiff er vor sich hin.

Zhang Xian verließ die Wohnung mit der Aktentasche in der Hand, um sein Praktikum bei der Bank fortzusetzen. Auch Qin Tian verabschiedete sich; bis um vier Uhr nachmittags würden seine Lehrveranstaltungen dauern. Vorher überwies er aber rasch noch fünfzigtausend Yuan auf Lao Daos Konto, während dieser ihm dabei zuschaute; den Rest bekäme der Bote dann nach erfolgreichem Abschluss der Mission.

«Haben Sie lange dafür sparen müssen»? fragte Lao Dao. «Sie sind Student, da sitzt das Geld vermutlich nicht so locker. Ich bin auch mit weniger zufrieden, wenn das sein muss.»

«Machen Sie sich bitte keine Sorgen. Ich arbeite als bezahlter Praktikant bei einem Finanzberater. Sie zahlen mir rund hunderttausend pro Monat – ich schulde Ihnen also zwei Monatsgehälter. Das kann ich verkraften.»

Lao Dao erwiderte nichts. Er verdiente das Standardgehalt – zehntausend im Monat.

«Bitte bringen Sie mir ihre Antwort», fügte Qin Tian noch hinzu.

«Ich gebe mein bestes.»

«Bedienen Sie sich im Kühlschrank, falls Sie Hunger haben. Und bleiben Sie einfach hier, um auf die Faltung zu warten.»

Lao Dao schaute aus dem Fenster. Er hatte Mühe, sich ans Sonnenlicht zu gewöhnen – ein leuchtendes Weiß, nicht das gelbe Licht, das ihm vertraut war. Im Lichte dieser Sonne wirkten die Straßen doppelt so breit wie im Dritten Sektor; Lao Dao war sich aber gar nicht sicher, ob ihn hier womöglich eine optische Täuschung narrte. Auch erschienen ihm die Gebäude längst nicht so hoch wie in seinem Sektor. Die Gehsteige waren voller Menschen, die dort eilig entlangspazierten, und von Zeit zu Zeit bahnten sich Läufer ihren Weg durch die Menge und brachten andere dazu, ebenfalls in einen Laufschritt zu verfallen. Kreuzungen aber schienen alle nur im Eiltempo zu überqueren. Die meisten Männer trugen westliche Kleidung, die Frauen Blusen und kurze Röcke und Schals um den Hals; in der Hand hielten die Frauen große, feste Handtaschen, mit denen die Trägerinnen selbstbewusst und kompetent auftraten. Die Straße war mit Autos angefüllt, und während diese an Kreuzungen auf das Umschalten der Ampeln warteten, steckten die Fahrer die Köpfe aus den Fenstern und schauten besorgt nach vorn. Nie zuvor hatte Lao Dao so viele Autos gesehen; in seiner Welt gab es nur die Magnetschwebebahn, die – dicht bepackt mit Menschen – vorüberbrauste.

Gegen Mittag vernahm er Geräusche aus dem Flur vor dem Apartment. Lao Dao spähte durch den Türspion. Der Boden des Flurs hatte sich in ein Förderband verwandelt, und Müllsäcke, die vor den Türen der einzelnen Apartments aufgereiht standen, wurden auf das Band geschoben und von dort in eine Rinne am Ende des Flurs befördert. Dann lag ein Nebel in der Luft, der sich zu Seifenblasen formte, die durch den Flur schwebten; schließlich wurde der Boden mit Wasser abgespült, gefolgt von heißem Dampf.

Ein Geräusch hinter seinem Rücken ließ Lao Dao zusammenzucken. Er wandte sich um; ein weiterer von Qin Tians Mitbewohnern hatte sein Schlafzimmer verlassen. Der junge Mann wirkte teilnahmslos, er beachtete Lao Dao gar nicht. Er begab sich zu einer Maschine in der Nähe des Balkons, drückte auf ein paar Knöpfe, und die Maschine erwachte zum Leben – man vernahm ein Knacken, Surren und Schaben. Schließlich wurde es wieder still, und ein köstlicher Geruch strömte durch den Raum. Der junge Mann zog einen glühendheißen Teller mit Essbarem aus dem Apparat und verschwand wieder in seinem Zimmer. Durch die halb geöffnete Tür sah Lao Dao, dass sich der junge Mann auf den Boden kauerte, umgeben von Decken und schmutzigen Socken, dass er während des Essens die Wand anstarrte, lachte und ab und zu seine Brille hochschob. Nachdem er gegessen hatte, ließ er den Teller am Boden stehen, er erhob sich und schien gegen einen unsichtbaren Gegner zu kämpfen, wobei er nach wie vor zur Wand blickte. Es war ein heftiger Kampf, sein Atem ging stoßweise, während er den unsichtbaren Widersacher niederrang.

Das Letzte, was Lao Dao vom Zweiten Sektor in Erinnerung blieb, war die kultivierte Art, mit der man sich hier auf die Faltung vorbereitete. Während er nämlich aus dem Fenster des Apartments schaute, verlief draußen alles so ordentlich und geregelt, dass er fast so etwas wie Neid empfand. Ab viertel nach neun schalteten die Läden entlang der Straße ihre Lichter aus, eines nach dem anderen. Ganze Gruppen verließen die Restaurants, die Gesichter vom Alkohol gerötet, und Freunde verabschiedeten sich voneinander. Junge Paare küssten sich am Taxistand. Anschließend kehrte jeder in seine eigene Wohnung zurück, und die Welt ging schlafen.

Mittlerweile war es zehn Uhr nachts. Lao Dao machte sich auf den Heimweg in seine eigene Welt, um zur Arbeit zu gehen.

3.

Kein Abfallschacht verband den Ersten Sektor unmittelbar mit dem Dritten Sektor. Stattdessen musste der Müll des Ersten Sektors auf seinem Weg in den Dritten eine ganze Reihe eiserner Pforten passieren, und diese Pforten wurden auch sofort wieder geschlossen, nachdem der Müll hindurchgerutscht war. Lao Dao spürte eigentlich kein Verlangen danach, auf einem Untergrund zu klettern, der sich vollständig drehte, doch ihm blieb keine Wahl.

Während der Wind ihn peitschte und der Boden unter ihm noch kippte, schob er sich langsam in Richtung des Ersten Sektors voran. Er klammerte sich an ein Metallstück, das aus dem Boden ragte, er mühte sich sehr, das Gleichgewicht zu halten und den Pulsschlag zu dämpfen, bis es ihm schließlich gelang, über den Rand hinweg in jene so ferne Welt zu steigen. Vom Klettern fühlte er sich seekrank und wie benommen, und während er gegen die Übelkeit ankämpfte, blieb er eine Weile am Boden liegen.

Als er sich endlich erhob, war die Sonne bereits aufgegangen.

Lao Dao hatte so etwas nie zuvor gesehen. Ganz langsam stieg der Sonnenball. Der Himmel war aus reinem, tiefem Azur, nur am Horizont leuchtete ein feiner orangefarbener Streifen, bezogen mit hauchdünnen Wolken. Jetzt verdeckten die Regenrinnen der nahen Gebäude die Sonne; sie wirkten sehr dunkel, weil der Hintergrund so hell strahlte. Und während die Sonne allmählich höher kletterte, verblasste die Bläue des Himmels, doch schien sie jetzt ruhiger und klarer. Lao Dao lief der Sonne entgegen; er suchte nach Spuren der goldenen Farbe, die sich aber rasch verlor. Umrisse von Bäumen und Ästen, die im Winde schwankten, brachen den Himmel in Stücke. Lao Daos Herz hämmerte in der Brust. Nie hatte er geahnt, wie bewegend ein Sonnenaufgang sein konnte.

Nach einiger Zeit beruhigte er sich wieder und fiel in einen langsameren Schritt. Er stand mitten auf einer Straße, die auf beiden Seiten von hohen Bäumen gesäumt und von weiten Grünflächen eingefasst war. Er schaute sich um: kein einziges Gebäude weit und breit. War er überhaupt schon im Ersten Sektor? Verwirrt betrachtete er die zwei Reihen aus kräftigen Gingkos.

Schließlich trat er ein paar Schritte zurück und blickte in die Richtung, aus der er gekommen war. Ein Schild stand in der Nähe der Straße. Er zog sein Smartphone aus der Tasche und studierte die Karte; zwar durfte er eigentlich keine Karten vom Ersten Sektor herunterladen, er hatte sich vor dem Aufbruch aber doch einige besorgt und gespeichert. Rasch entdeckte er seinen Standort und sein Ziel. Er befand sich in der Nähe eines weitläufigen Parks, und die Faltungsnaht, über die er hierhergelangt war, verlief unweit eines Sees in genau diesem Park.

Lao Dao lief etwa einen Kilometer weit durch menschenleere Straßen, bis er jenes Wohnviertel erreichte, in welchem die Empfängerin seiner Botschaft lebte.

Er verbarg sich hinter Sträuchern und beobachtete ihr hübsches Haus aus der Ferne.

Um halb neun trat Yi Yan aus der Tür.

Sie war tatsächlich so elegant, wie Qin Tians Beschreibung es hatte vermuten lassen, wenn auch womöglich nicht ganz so hübsch. Das überraschte Lao Dao freilich nicht: Keine Frau der Welt hätte es in puncto Schönheit mit Qin Tians Lobpreis aufnehmen können. Nun begriff er auch, warum Qin Tian ihren Mund immer wieder erwähnt hatte; ihre Augen und die Nase wirkten nämlich eher gewöhnlich. Die Figur aber war attraktiv: schlank und zierlich. Yi Yan trug ein schneeweißes Kleid und einen eng anliegenden Rock. Der Gürtel war mit Perlen besetzt, und die Füße steckten in schwarzen High Heels.

Lao Dao trat vor. Um sie nicht zu erschrecken, kam er direkt von vorn, schon in einiger Entfernung verneigte er sich tief.

Sie blieb stehen und schaute ihn überrascht an.

Nun erst wagte Lao Dao sich in ihre Nähe, er erläuterte seinen Auftrag. Dabei zog er auch den Umschlag mit dem Medaillon und Qin Tians Brief hervor.

Yi Yan schien beunruhigt. «Bitte gehen Sie», flüsterte sie. «Ich kann jetzt nicht mit Ihnen sprechen.»

«Oh ... ich habe eigentlich gar nicht viel zu sagen», erwiderte Lao Dao. «Ich soll Ihnen nur diesen Brief übergeben.»

Doch sie weigerte sich, das Schreiben entgegenzunehmen, und faltete die Hände. «Ich kann ihn gerade jetzt nicht annehmen. Gehen Sie doch bitte. Ich bitte

Sie inständig. In Ordnung?» Sie zog eine Visitenkarte aus der Brieftasche und reichte sie ihm. «Kommen Sie einfach mittags zu dieser Adresse.»

Lao Dao betrachtete die Karte. Darauf stand der Name einer Bank.

«Mittags», sagte Sie. «Warten Sie dort im Supermarkt im Untergeschoss auf mich.»

Lao Dao spürte ihre Unruhe. Er nickte, steckte die Karte ein und kehrte zu seinem Versteck hinter den Büschen zurück. Kurz darauf trat ein Mann aus dem Haus und blieb bei ihr stehen. Der Mann schien etwa so alt zu sein wie Lao Dao selbst, vielleicht ein paar Jahre jünger. Er war groß und stattlich und trug einen dunkelgrauen Maßanzug. Dick war er nicht, vielleicht ein klein wenig stämmig. Das Gesicht eher unscheinbar: rund, mit Brille, das Haar akkurat zu einer Seite gekämmt.

Der Mann fasste Yi Yan um die Taille und küsste sie auf den Mund. Yi Yan erwiderte den Kuss, ein wenig zögerlich.

Lao Dao begann zu verstehen.

Ein einsitziger Wagen näherte sich dem Haus. Der schwarze Wagen besaß zwei Räder und ein baldachinartiges Dach, er ähnelte einer alten Kutsche oder einer Rikscha, wie man sie im Fernsehen sah, nur dass kein Pferd oder Mensch diesen Wagen zog. Das Fahrzeug hielt an und senkte sich nach vorn hin ab. Yi Yan kletterte hinein, nahm Platz und glättete den Rock sittsam ums Knie herum. Dann richtete sich der Wagen wieder auf und rollte gemächlich davon, als zöge ihn ein unsichtbares Kutschpferd. Kaum war Yi Yan außer

Sichtweite, hielt ein weiteres fahrerloses Fahrzeug, in dem der Mann Platz nahm.

Erregt schritt Lao Dao auf und ab. Ihm schien, als griffe ihm etwas an die Kehle, doch konnte er es nicht in Worte fassen. Er blieb im Sonnenlicht stehen und schloss die Augen. Reine, frische Luft füllte seine Lungen, sodass er sich ein wenig entspannte.

Kurz darauf war er schon wieder unterwegs. Die Adresse, zu der Yi Yan ihn bestellt hatte, lag im Osten, etwas mehr als drei Kilometer entfernt. Auf den Gehsteigen waren nur wenige Passanten unterwegs, und auf der achtspurigen Straße surrte gelegentlich ein Auto vorbei. Manchmal rollten gut gekleidete Damen in zweirädrigen Fahrzeugen an Lao Dao vorüber. Deren Haltung war stets so kultiviert und vornehm, dass es schien, als schwebten sie über den Laufsteg einer Modenschau. Niemand beachtete Lao Dao. Die Bäume wiegten sich im sanften Wind, und die Luft in ihrem Schatten duftete nach dem Parfüm der vornehmen Damen.

Yi Yans Büro befand sich im Geschäftsviertel Xidan. Dort gab es keinerlei Wolkenkratzer; ein paar niedrige Häuser gruppierten sich locker um einen Park. Die Häuser wirkten wie eigenständige Bauten, doch sie gehörten alle zu einem einzigen Komplex und waren durch unterirdische Passagen miteinander verbunden.

Rasch hatte Lao Dao den Supermarkt entdeckt. Er war noch zu früh. Kaum hatte er den Laden betreten, folgte ihm ein kleiner Einkaufswagen auf Schritt und Tritt. Sobald er vor einem Regal stehenblieb, erschienen auf dem Display des Wagens die Namen der Produkte, die er gerade betrachtete, Beschreibungen, Bewertungen anderer Kunden und Vergleiche mit ähnlichen Erzeugnissen konkurrierender Hersteller. Sämtliche Waren in diesem Laden waren offenbar in fremden Sprachen beschriftet. Vor allem die Verpackungen der Lebensmittel zeugten von äußerster Raffinesse; zudem lagen Früchte und kleine Kuchenstücke hübsch arrangiert auf Tabletts zur Verkostung bereit. Lao Dao traute sich nicht, irgendetwas anzurühren; er hielt sich von den Köstlichkeiten fern, als seien es gefährliche exotische Tiere. Im gesamten Laden zeigten sich keine Angestellten oder Wachleute.

Gegen Mittag wurde es voller. Herren in Anzügen traten ein, sie griffen sich einige Sandwiches und schwenkten sie über einen Scanner neben der Tür, bevor sie hinauseilten. Auch hier achtete niemand auf Lao Dao, der sich in einen Winkel nahe beim Ausgang zurückgezogen hatte.

Da endlich tauchte Yi Yan auf, und Lao Dao trat zu ihr. Yi Yan schaute sich um und führte Lao Dao wortlos zu einem kleinen Restaurant unweit des Ausgangs. Zwei niedliche Robotermädchen in Faltenröcken begrüßten die beiden Gäste, nahmen Yi Yan die Handtasche ab, geleiteten sie zu einem Tisch und reichten die Speisekarten. Yi Yan wählte, indem sie einige Einträge auf der Karte berührte, dann reichte sie diese den Robotern. Die Roboter wandten sich um und rollten leise davon.

Yi Yan und Lao Dao blickten einander schweigend an. Erneut zog Lao Dao den Umschlag hervor.

Yi Yan nahm ihn immer noch nicht entgegen. «Darf ich es Ihnen erklären?»

Lao Dao schob den Umschlag über den Tisch. «Bitte schauen Sie sich zuerst dies hier an.»

Yi Yan wehrte den Umschlag ab.

«Darf ich zunächst etwas erklären?»

«Sie brauchen nichts zu erklären», sagte Lao Dao. «Ich habe diesen Brief nicht verfasst. Ich bin nur der Bote.»

«Aber Sie werden zurückkehren und ihm eine Antwort geben müssen.» Yi Yan blickte zu Boden. Der kleine Roboter stellte ihnen zwei Teller auf den Tisch. Auf jedem der Teller befanden sich zwei Scheiben von rotem Sashimi, angeordnet wie Blütenblätter. Yin Yan rührte ihre Stäbchen nicht an, und Lao Dao tat es ihr gleich. Der Umschlag lag genau zwischen beiden Tellern, und niemand griff danach.

«Ich habe ihn nicht betrogen. Als ich ihn letztes Jahr kennenlernte, war ich bereits verlobt. Ich habe ihn nicht absichtlich hinters Licht geführt oder ihm die Wahrheit verheimlicht ... Nun, vielleicht habe ich ein klein wenig geflunkert, aber nur, weil er mit seinen Verdächtigungen kam. Einmal hat er gesehen, wie Wu Wen mich abholte, und er fragte mich, ob das mein Vater gewesen sei. Ich ... ich konnte ihm einfach nicht die Wahrheit sagen, wissen Sie? Es war einfach zu peinlich. Ich ...»

Yi Yan brachte kein Wort mehr heraus.

Lao Dao schwieg noch eine Weile. «Ich will gar nicht so genau wissen, was zwischen Ihnen beiden vorgefallen ist. Ich will eigentlich nur, dass Sie diesen Brief hier annehmen.»

Yi Yan hielt ihren Kopf gesenkt, aber plötzlich blickte sie auf. «Wenn Sie zurückkehren, können Sie … mir helfen, indem Sie nicht *alles* erzählen?»

«Warum?»

«Ich möchte nicht, dass er glaubt, ich hätte seine Gefühle verletzt und nur mit ihm gespielt. Ich mag ihn wirklich gern. Ich bin hin- und hergerissen.»

«Das geht mich aber gar nichts an.»

«Oh bitte, ich beschwöre Sie … Ich mag ihn wirklich gern.»

Wieder schwieg Lao Dao.

«Und am Ende haben Sie geheiratet?»

«Wu Wen war sehr gut zu mir. Wir sind schon viele Jahre zusammen. Er kannte meine Eltern, und wir waren schon seit Jahren verlobt. Übrigens bin ich drei Jahre älter als Qin Tian, und ich fürchtete, das würde ihm gar nicht passen. Qin Tian hielt mich für eine Praktikantin, er war ja selbst im Praktikum, und es war mein Fehler, dass ich ihm nicht die Wahrheit gesagt habe. Ich weiß gar nicht, warum ich mich anfangs als Praktikantin vorgestellt habe, und später war es kaum noch möglich, das richtigzustellen. Ich hätte aber nie gedacht, dass er es ernst meint.»

Zögernd und stockend erzählte Yi Yan ihre Geschichte. In Wirklichkeit war sie die Assistentin des Bankdirektors, und als sie Qin Tian begegnete, arbeitete sie schon seit zwei Jahren bei der Bank. An der UN-Konferenz hatte sie im Rahmen ihrer Ausbildung teilnehmen dürfen. Eigentlich verdiente ihr Mann so gut, dass sie die Arbeit gar nicht nötig hatte, aber sie wollte ungern den ganzen Tag zu Hause herumsitzen.

Allerdings war sie nur halbtags tätig, natürlich mit halbem Gehalt. Den restlichen Tag hatte sie zur freien Verfügung; sie lernte gern etwas Neues und lernte gern Menschen kennen. Die Monate bei den Vereinten Nationen hatte sie wirklich genossen. Hier, so berichtete sie Lao Dao, gab es viele Ehefrauen, die nur halbtags arbeiteten. Auch in ihrem Fall sei das so: Sobald sie mittags ihren Arbeitsplatz räume, übernehme eine andere wohlhabende Gattin den Nachmittagsdienst beim Direktor. Wie sie weiter ausführte, hatte sie Qin Tian zwar ein wenig beschwindelt, ansonsten sei sie aber selbstverständlich eine ehrliche Haut.

«Und deshalb ...», fuhr sie fort und beförderte eine Portion vom zweiten Gang mit dem Löffel auf Lao Daos Teller, «deshalb wäre es mir sehr lieb, wenn Sie ihm nicht alles erzählen würden, jedenfalls jetzt noch nicht. Bitte ... geben Sie mir eine Chance, es ihm selbst zu beichten.»

Lao Dao rührte seine Stäbchen nicht an. Er war wirklich hungrig, hatte aber keinen Appetit auf diese Speisen.

«Dann würde ich aber ebenfalls lügen», sagte Lao Dao.

Yi Yan öffnete ihr Handtasche, griff nach ihrer Geldbörse und zog fünf 10 000-Yuan-Noten hervor. Sie legte die Scheine auf den Tisch und schob sie zu Lao Dao herüber. «Bitte nehmen Sie dieses Zeichen meiner Wertschätzung an.»

Lao Dao war sprachlos. Geldscheine dieser Größenordnung hatte er noch nie zuvor gesehen, und er hatte sie auch nie benötigt. Ärgerlich erhob er sich, beinahe ohne zu wissen, was er tat. Die Art, wie Yi Yan nach dem Geld gegriffen hatte, wirkte auf ihn, als habe sie mit einer Erpressung gerechnet, und das wollte er nicht auf sich sitzen lassen. *Das also halten sie von Leuten aus dem Dritten Sektor.* Nähme er das Geld, wäre das wie ein Verrat an Qin Tian. Natürlich war er Qin Tian nicht zu Freundschaftsdiensten verpflichtet, aber es fühlte sich eben doch wie ein Betrug an. Also war er entschlossen, die Geldscheine zu nehmen, sie auf den Boden fallen zu lassen und fortzugehen. Aber das gelang ihm nicht. Noch einmal blickte er auf das Geld: Die fünf dünnen Scheine lagen auf dem Tisch wie ein zerbrochener Fächer. Er spürte die Macht, die sie auf ihn ausübten. Sie leuchteten himmelblau, ganz anders als die braunen 1000-Yuan-Scheine und die roten Hunderter. Diese Banknoten besaßen Tiefe, sie kamen von weither als eine Versuchung. Mehrmals bemühte er sich, den Blick loszureißen, doch er vermochte es nicht.

Yi Yan wühlte weiter in ihrer Handtasche und holte alles hervor, bis sie in einer Innentasche noch einmal 50 000 Yuan fand und zu den übrigen Scheinen legte. «Mehr habe ich nicht. Bitte nehmen Sie das Geld und helfen Sie mir.» Sie schwieg eine Weile. «Wissen Sie, warum ich nicht will, dass er alles erfährt? Ich bin mir ja selbst nicht sicher, was ich tun möchte. Vielleicht habe ich eines Tages den Mut, mit ihm zu gehen.»

Lao Daos Blick wanderte über die zehn Banknoten und dann zu ihr herüber. Er spürte, dass sie ihren eigenen Worten nicht traute. Ihre Stimme klang zögerlich und strafte die Worte Lügen. Sie verschob einfach alle

Unannehmlichkeiten in die Zukunft, um jetzt keinen Ärger zu haben. Unwahrscheinlich, dass sie jemals mit Qin Tian durchbrennen würde, aber sie wollte von ihm auch nicht verachtet werden. Deshalb sollte die *Möglichkeit* bestehen bleiben, einfach damit sie sich besser fühlte.

Lao Dao sah, dass diese Frau sich selbst belog – doch auch er wollte sich belügen. Also dachte er bei sich: *Ich bin Qin Tian gegenüber zu nichts verpflichtet. Er hat mich lediglich gebeten, ihr seine Botschaft zu überbringen, und das habe ich getan. Das Geld auf dem Tisch gehört zu einem neuen Auftrag, dem Auftrag, ein Geheimnis zu bewahren.* Er stockte und fuhr dann fort: *Vielleicht wird sie ja wirklich eines Tages mit Qin Tian zusammenleben, und in dem Fall wäre mein Schweigen genau das Richtige. Im Übrigen muss ich an Tangtang denken. Warum soll ich mir über Fremde den Kopf zerbrechen, statt an Tangtangs Zukunft zu denken?* Er entspannte sich. Und bemerkte, dass seine Finger bereits auf den Geldscheinen lagen.

«Das ist ... zu viel.» Er wollte trotz allem mit sich im Reinen sein. «So viel kann ich nicht annehmen.»

«Nicht der Rede wert.» Sie schob ihm das Geld in die Hand. «Das verdiene ich in einer Woche. Keine Sorge!»

«Was ... was soll ich ihm denn ausrichten?»

«Sagen Sie ihm, dass wir im Moment nicht zusammen sein können, dass ich ihn aber aufrichtig mag. Ich schreibe Ihnen etwas auf, das Sie ihm übergeben können.» Yi Yan zog einen Notizblock aus der Handtasche; vorn trug er das Bild eines Pfaus, die Seiten selbst waren mit Goldschnitt verziert. Sie riss eine Seite heraus und begann zu schreiben. Ihre Handschrift glich einer Kette seltsamer Gewächse.

Lao Dao verließ das Restaurant und blickte zurück. Yi Yan saß immer noch am Tisch und musterte ein Wandbild. Sie wirkte so elegant und zerbrechlich, als wolle sie niemals von hier fortgehen.

Lao Dao steckte die Scheine ein. Er schämte sich, doch er brauchte das Geld.

4.

Lao Dao verließ Xidan auf dem gleichen Weg, auf dem er hergekommen war. Er fühlte sich erschöpft. Eine Seite des Fußweges säumten Trauerweiden, die andere begrenzte eine Reihe chinesischer Parasolbäume. Der Frühling war schon weit fortgeschritten, und überall leuchtete frisches Grün. Die Nachmittagssonne wärmte ihm das erstarrte Gesicht und heiterte ihn ein wenig auf.

Er befand sich jetzt wieder im gleichen Park wie am frühen Morgen. Nun aber wimmelte es hier von Menschen, und die Gingko-Allee machte einen prachtvollen, noblen Eindruck. Von Zeit zu Zeit erhielten schwarze Fahrzeuge Einlass in den Park. Die meisten Spaziergänger trugen entweder maßgeschneiderte westliche Anzüge aus hochwertigen Stoffen oder chinesische Kleidung in gedeckten Farben; sie alle aber erschienen Lao Dao hochmütig und überlegen. Sogar ein paar Ausländer fühlten sich hier sichtlich wohl. Einige Leute standen in kleinen Grüppchen zusammen und plauderten, andere grüßten einander aus der Ferne oder schüttelten sich lachend die Hände, wenn ihr Weg sich kreuzte und sie gemeinsam weiterspazierten.

Lao Dao zögerte; er wusste nicht recht, wohin er sich wenden sollte. Die wenigsten Menschen hielten sich am Straßenrand auf; wenn er also einfach hier verweilte, musste er Aufmerksamkeit erregen. An öffentlichen Plätzen aber fiele vermutlich bald auf, dass er hier nicht hingehörte. Also beschloss er, sich tiefer in den Park zurückzuziehen, näher an die Faltungsfuge, um sich ein Versteck zu suchen und ein wenig zu ruhen. Er war sehr müde, wagte aber nicht, einfach am Straßenrand zu schlafen.

Er beobachtete die Autos, die in den Park eingelassen wurden: Wie es schien, durften sie frei umherfahren, ohne anhalten zu müssen, und so machte auch er sich unbekümmert auf den Weg tiefer ins Gelände hinein. Erst als er sich in der Nähe des Eingangs befand, entdeckte er zwei Roboter, die offenbar nach dem Rechten sahen. Autos und andere Fußgänger ließen sie achtlos passieren, doch als Lao Dao sich ihrer Kontrollzone näherte, stießen sie einen Alarmton aus, sie wandten sich um und rollten ihm entgegen. In der friedlichen Stille des Nachmittags wirkte dieser Ton besonders unangenehm. Alle Augen wandten sich in seine Richtung. Lao Dao geriet in Panik: Hatte seine schäbige Kleidung ihn an die Roboter verraten? Verzweifelt flüsterte er den Robotern zu, seine Kleidung habe er im Park liegen lassen, doch die Roboter beachteten ihn überhaupt nicht – sie stießen einfach nur ihren Alarmton aus und ließen rote Lichter an ihren Köpfen aufblitzen. Spaziergänger blieben stehen und starrten ihn an, als sei er ein Dieb oder ein Mann von fragwürdigem Charakter. Kurz darauf traten drei Herren aus einem nahe gelegenen Haus und eilten zu ihm herüber. Lao Daos Herz schlug heftig. Er wollte davonlaufen, aber dafür war es schon zu spät.

«Was ist los?» herrschte ihn einer der drei an.

Lao Dao fiel darauf nichts ein, verlegen rieb er sich die Hände an der Hose.

Der Sprecher der drei war etwas über dreißig Jahre alt. Er näherte sich dem Verdächtigen und scannte ihn mit einer knopfgroßen Silberscheibe, mit der er rund um Lao Dao durch die Luft fuhr. Misstrauisch betrachtete er sein Gegenüber, als wolle er dessen Schale mit einem Büchsenöffner knacken.

«Dieser Mann ist nirgendwo verzeichnet.» Der Kontrolleur wandte sich an einen Älteren, der sich im Hintergrund gehalten hatte. «Nehmen Sie ihn mit.»

Nun endlich lief Lao Dao los, in Richtung Ausgang. Schon aber hatten die beiden Roboter ihn eingeholt; sie griffen nach seinen Beinen. Wie Handschellen legten ihre Greifarme sich um seine Knöchel. Beinahe wäre er gestolpert, doch die Roboter hielten ihn fest. Hilflos fuchtelte er mit den Armen durch die Luft.

«Warum versuchen Sie, wegzulaufen?» Der junge Mann trat vor und starrte ihn an. Sein Ton war jetzt unfreundlich.

«Ich ...» Lao Daos Kopf fühlte sich an wie ein brausender Bienenkorb. Er war unfähig, etwas zu denken.

Die beiden Roboter stemmten Lao Dao an den Füßen in die Höhe und fixierten diese auf Trittflächen neben ihren Rädern. Dann trugen sie ihn gemeinsam und glitten nebeneinander her auf ein Gebäude zu. So gleichförmig waren ihre Bewegungen, so ruhig und synchron, dass man aus der Ferne hätte meinen können, Lao Dao vergnüge sich auf Rollerblades, ähnlich der Göttin Nezha auf ihren Wind-Feuer-Rädern.

Lao Dao fühlte sich vollkommen ausgeliefert. Und er ärgerte sich, weil er nicht besser aufgepasst hatte. Wie konnte er nur glauben, ein derart belebter Platz käme ganz ohne Sicherheitsmaßnahmen aus? Er verfluchte seine Schläfrigkeit, die diesen dummen Fehler verschuldet hatte. *Jetzt ist alles vorbei,* dachte er. *Ich verliere nicht nur mein Geld, sondern wandere auch ins Gefängnis.*

Die Roboter wählten einen schmalen Pfad und gelangten zur Hintertür des Hauses; dort hielten sie an. Die drei Männer folgten ihnen. Offenbar stritt sich der jüngere Mann mit dem älteren darüber, was mit dem Gefangenen zu geschehen habe, aber sie flüsterten so leise, dass Lao Dao kaum etwas verstand. Nach einiger Zeit näherte sich der alte Mann und löste die Roboterarme von Lao Daos Beinen. Dann fasste er ihn am Arm und brachte ihn nach oben.

Lao Dao seufzte. Er hatte sich bereits mit seinem Los abgefunden.

Der alte Mann führte ihn in ein Zimmer. Es ähnelte einem Hotelzimmer – sehr geräumig war es, größer noch als das Wohnzimmer in Qin Tians Apartment und etwa doppelt so groß wie seine eigene Mietwohnung. Der ganze Raum war in einem dunklen Goldbraun gehalten, in der Mitte aber stand ein großes Bett. Die Wand hinter dem Bett zeigte abstrakte Muster, deren Farben sich wandelten.

Weiße, durchsichtige Gardinen verdeckten die Balkontür; vor dem Fenster stand ein kleiner runder Tisch mit zwei bequemen Stühlen. Lao Dao fühlte sich ängstlich und unsicher; den alten Mann konnte er nicht einschätzen, und er hatte keine Ahnung, was ihm hier bevorstand.

«Hinsetzen, hinsetzen!» Der alte Mann klopfte ihm auf die Schulter und lächelte. «Alles in Ordnung.»

Lao Dao schaute misstrauisch zu ihm auf.

«Sie kommen aus dem Dritten Sektor, nicht wahr?» Der ältere Herr führte ihn zu den Stühlen und forderte ihn per Handzeichen auf, endlich Platz zu nehmen.

«Woran sehen Sie das?» Lao Dao vermochte nicht zu lügen.

«An Ihrer Hose.» Der Ältere wies auf die Taille seiner eigenen Hose. «Sie kommen nicht einmal auf die Idee, das Label abzuschneiden. Diese Marke wird nur im Dritten Sektor verkauft; als ich noch klein war, hat meine Mutter sie einmal für meinen Vater besorgt.»

«Mein Herr, Sie selbst …?»

«Keine Förmlichkeiten. Ich dürfte wohl nicht sehr viel älter sein als Sie. Wie alt sind Sie? Ich bin zweiundfünfzig.»

«Achtundvierzig.»

«Na also, nur vier Jahre älter.» Er schwieg, dann fügte er hinzu: «Ich bin Ge Daping. Nennen Sie mich einfach Lao Ge.»

Lao Dao entspannte sich ein wenig. Lao Ge legte seine Jacke ab und ruderte mit den Armen, um die steif gewordenen Muskeln zu dehnen. Nun reichte er Lao Dao ein Glas mit heißem Wasser.

Lao Ges Gesicht war länglich; seine Augenwinkel, die Enden der Augenbrauen und seine Wangen hingen herab. Selbst seine Brille schien im Begriff, ihm von der Nasenspitze herunterzurutschen. Sein Haar war von Natur aus gelockt. Wenn er sprach, hüpften seine Augenbrauen auf komische Weise auf und nieder. Er goss sich einen Tee auf und bot auch Lao Dao etwas an, doch der schüttelte den Kopf.

«Ich stamme ursprünglich auch aus dem Dritten Sektor», begann Lao Ge. «Wir haben also praktisch eine gemeinsame Heimat. Und schauen Sie mich nicht so ängstlich an. Ich habe immer noch einigen Einfluss, und ich gebe Sie nicht her.»

Lao Dao seufzte erleichtert und beglückwünschte sich im Stillen zu dieser Wendung des Schicksals. Und so erzählte er Lao Ge alles über seinen Ausflug in den Zweiten und dann in den Ersten Sektor, wobei er Yi Yans Ausführungen diskret für sich behielt. Er behauptete einfach, er habe seinen Auftrag erfolgreich ausgeführt und warte nur auf die Faltung, um wieder nach Hause zu gehen.

Lao Ge revanchierte sich mit seiner eigenen Geschichte: Er war im Dritten Sektor aufgewachsen, seine Eltern hatten als Kurierfahrer gearbeitet. Mit fünfzehn war er an eine Militärakademie gewechselt, anschließend in die Armee eingetreten. Dort hatte er sich zum Radartechniker ausbilden lassen, und weil er hart arbeitete, sich dabei geschickt anstellte und gute Gelegenheiten zu nutzen verstand, hatte man ihn schließlich innerhalb der Abteilung in eine leitende Position befördert, und zwar in den Rang eines Brigadegenerals. Da er keiner prominenten Familie angehörte, hatte er damit die höchstmögliche Stufe der Karriereleiter erklommen. Zuletzt hatte er die Armee verlassen und war in eine Agentur im Ersten

Sektor eingetreten, die staatliche Unternehmen logistisch unterstützte, Konferenzen organisierte, Reisen arrangierte und soziale Events koordinierte. Im Grunde sei das echte Knochenarbeit, aber da Kontakte mit Regierungsvertretern dazugehörten und sein Amt eher in der Aufsicht und Leitung bestand, durfte er im Ersten Sektor wohnen. Im Ersten Sektor lebten eine ganze Reihe von Leuten ähnlicher Herkunft – Vorgesetzte, Ärzte, Sekretäre, Hausverwalter: gut ausgebildete Fachkräfte allesamt, die den Bewohnern des Ersten Sektors ihren Lebensstil erst ermöglichten. Die Agentur hatte schon zahlreiche vielbeachtete Events auf die Beine gestellt, und Lao Ge war ihr Direktor.

Mit der Selbststilisierung zum Arbeiter hatte Lao Ge vermutlich arg untertrieben, doch Lao Dao zweifelte ohnehin nicht daran, dass jemand, der im Ersten Sektor leben und arbeiten durfte, über außergewöhnliche Fähigkeiten verfügen musste. Auch ein Vorgesetzter war hier gewiss ein Meister seines Faches. Ohne herausragende Talente wäre Lao Ge der Aufstieg aus dem Dritten Sektor über eine technische Laufbahn in der Armee kaum gelungen.

«Sie können ein wenig schlafen», sagte Lao Ge. «Gegen Abend bringe ich Ihnen dann etwas zu essen.»

Noch immer konnte Lao Dao sein Glück kaum fassen, und er fühlte sich ein wenig unwohl. Den Verlockungen der weißen Laken und der weichen Kissen konnte er freilich nicht widerstehen, und er schlief praktisch auf der Stelle ein.

Als er erwachte, war es draußen vollkommen dunkel. Lao Ge blickte gerade in einen Spiegel und kämmte sich das Haar. Er deutete zum Sofa, wo ein Anzug bereitlag, und forderte Lao Dao auf, sich umzukleiden. Schließlich heftete er dem Neuankömmling einen rot glimmenden Anstecker ans Revers – eine neue Identität.

Das große Foyer am unteren Ende der Treppe war angefüllt mit Menschen. Irgendeine Präsentation schien gerade beendet zu sein, und die Teilnehmer standen in kleinen Gruppen umher und plauderten angeregt miteinander. Am Ende der Vorhalle wiesen offene Türen den Weg in den Bankettsaal; die schweren Türen waren mit burgunderfarbenem Leder bespannt. Überall im Foyer hatte man kleine Stehtische verteilt. Jeder Tisch war in ein weißes Tuch gehüllt, das ganz unten von einer goldenen Schleife zusammengehalten wurde; auf jeder Tischplatte stand eine Vase mit einer Lilie. Um die Vasen herum hatte man kleine Schalen mit Crackern und Dörrobst drapiert, und auf einem langen Tisch an der Wand des Foyers standen Wein und Kaffee bereit. Die Gäste schlenderten von Tisch zu Tisch, in Gespräche vertieft, während kleine Roboter mit Tabletts um ihre Beine herumkurvten und leere Gläser einsammelten.

Lao Dao gab sich größte Mühe, gefasst zu wirken; er folgte Lao Ge durch das gastfreundliche Treiben in den Bankettsaal. Dort erblickte er eine riesige Fahne: *Die Faltbare Stadt wird Fünfzig.*

«Was passiert hier eigentlich?» erkundigte sich Lao Dao.

«Ein Festakt!» Lao Ge eilte umher und prüfte die Arrangements. «Xiao Zhao, kommen Sie mal eben herüber. Ich will, dass Sie die Tischkärtchen noch einmal überprüfen. In solchen Dingen traue ich Robotern nicht. Manchmal sind sie einfach nicht flexibel genug.»

Lao Dao schaute sich um; der Bankettsaal war mit großen runden Tischen bestückt, und jeden Tisch zierte ein Gesteck aus frischen Blumen.

Die gesamte Szenerie erschien ihm vollkommen irreal. Er drückte sich in einen Winkel des Saals und starrte zum riesigen Kronleuchter hinauf, und ihm war, als schwebe dort oben eine grell blendende Wirklichkeit, während er selbst vollkommen unbedeutend und an den Rand verwiesen war. Vorn auf dem Podium stand ein Rednerpult, und im Hintergrund wechselten unzählige Bilder von Peking einander ab. Die Bilder mochten vom Flugzeug aus fotografiert worden sein, denn sie zeigten die gesamte Stadt: das weiche Licht bei Sonnenaufgang und -untergang; die dunklen Purpurfarben und das tiefe Blau des Himmels; Wolken, die der Wind vor sich her trieb; den Aufgang des Mondes in einer Ecke der Stadt; die Sonne hinter einem der Dächer. Die Luftaufnahmen enthüllten die ganze Schönheit hinter der planvollen Ordnung des alten Peking; sie zeigten die modernen Viertel mit ihren Ziegelhäusern und den großen Grünflächen, die sich bis zur sechsten Ringstraße ausdehnten; Theater im chinesischen Stil; japanische Museen; kleine Konzerthäuser. Und dann folgten noch einige Gesamtansichten der Stadt – Ansichten, auf denen die zwei Gesichter Pekings während der Faltung keineswegs ausgespart wurden: Man sah, wie der Boden sich drehte und die andere Seite hervorholte – eine Seite, die übersät war mit Wolkenkratzern mit ihren klaren, senkrechten Konturen; man sah Männer und Frauen, die hektisch zum Arbeitsplatz eilten; man sah, wie Neonlicht die Nacht erhellte und die Sterne vertrieb; und man erkannte riesige Wohnblocks, Kinos und Nachtclubs voller wunderschöner Menschen.

Die Welt aber, in der Lao Dao arbeitete, blieb hier verborgen.

Lao Dao wandte die Augen nicht von der Leinwand; vielleicht zeigte man ja noch Bilder vom Bau der faltbaren Stadt? Gern hätte er irgendetwas aus der Zeit seines Vaters gesehen. Als er noch klein war, hatte sein Vater ihm häufig vom Fenster aus Häuser gezeigt und ihm Geschichten darüber erzählt, die alle mit «Damals, als wir noch ...» begannen. An einer der Wände ihrer vollgestopften Wohnung hing eine alte Fotografie; sie zeigte seinen Vater, wie er gerade Ziegelsteine auslegte – also etwas, das sein Vater wohl tausend- oder hunderttausend Mal getan hatte. Damals hatte er das Bild so oft gesehen, dass er es kaum noch anschauen mochte, doch jetzt sehnte er sich nach dem Anblick von Arbeitern, die eine Mauer aus Ziegeln hochziehen.

Er hing seinen Gedanken nach. Zum allerersten Mal in seinem Leben hatte er hier sehen können, wie die Faltung aus der Ferne wirkte. Er konnte sich später nicht mehr daran erinnern, dass er Platz genommen hatte, und er achtete auch nicht darauf, dass inzwischen andere um ihn herum ihre Plätze einnahmen. Am Pult ergriff jemand das Wort, doch anfangs hörte Lao Dao gar nicht hin.

«... vorteilhaft für die Entwicklung des Dienstleistungssektors. Die Entwicklung der Dienstleistungsbranchen hängt ab von der Einwohnerzahl und der Bevölkerungsdichte. Gegenwärtig erwirtschaftet der Dienstleistungssektor unserer Stadt fünfundachtzig Prozent des Bruttoinlandsprodukts – ein für Metropolen dieser Größenordnung international durchaus üblicher Wert. Weitere bedeutsame Sektoren sind die sogenannte Grüne Ökonomie und die Recyclingwirtschaft.»

Jetzt horchte Lao Dao auf. Von Grüner Ökonomie und Recyclingwirtschaft war in der Abfallentsorgungsfirma häufig die Rede, und die Schlagworte standen in riesigen Lettern an den Wänden. Neugierig schaute er sich den Redner auf dem Podium genauer an: einen älteren Herrn mit silbergrauem Haar, der recht lebhaft referierte.

«... der gesamte Müll wird inzwischen sortiert und weiterverarbeitet, und was die Planziele ‹Energiesparen› und ‹Reduzierung der Verschmutzung› betrifft, haben wir unseren Zeitplan übertroffen. Wir haben inzwischen eine systematische Recyclingwirtschaft in großem Stil implementiert, was bedeutet, dass sämtliche Seltenen Erden und Edelmetalle, die wir aus Elektroschrott gewinnen, wieder in die Produktion zurückgeführt werden. Selbst beim Plastik liegt die Recyclingrate mittlerweile bei über achtzig Prozent.

Die Recyclinganlagen befinden sich direkt neben den Entsorgungsbetrieben ...»

Eine entfernte Verwandte von Lao Dao arbeitete in einer solchen Wiederaufbereitungsanlage im Technopark weit außerhalb der Innenstadt. Der Technopark war eigentlich nichts anderes als ein riesiges, mit Fabriken bestücktes Gelände, und nach allem, was er gehört hatte, sahen alle Fabriken dort ziemlich gleich aus. Die Maschinen liefen weitgehend selbstständig, menschliche Arbeitskraft benötigte man kaum noch. Wenn die Arbeiter sich abends vor den Werkstoren versammelten, fühlten sie sich wie die letzten Überlebenden eines vom Aussterben bedrohten Stammes weit draußen in der öden Wildnis.

Wieder folgte er seinen eigenen Gedanken. Erst der überschwängliche Applaus am Ende der Rede holte ihn in die Wirklichkeit zurück. Auch er applaudierte pflichtschuldig, wusste aber nicht, warum. Er sah, wie der Redner das Podium verließ und an seinen Ehrenplatz am Kopf des Vorstandstisches zurückkehrte. Aller Augen ruhten auf ihm.

Und dann erblickte Lao Dao Wu Wen, den Ehemann von Yi Yan.

Wu Wen saß an jenem Tisch, der dem Vorstandstisch am nächsten stand. Während der ältere Herr, der vorhin geredet hatte, wieder Platz nahm, kam Wu Wen herüber und brachte einen Toast aus; seine Worte ließen den Älteren aufhorchen. Jedenfalls erhob er sich wieder und verließ zusammen mit Wu Wen den Bankettsaal. Beinahe unbewusst erhob sich auch Lao Dao, neugierig geworden, und folgte den beiden. Wo Lao

Ge sich gerade aufhielt, wusste er nicht. Roboter betraten die Bildfläche und begannen mit dem Eindecken.

Lao Dao fand sich im Foyer wieder. Aus einiger Entfernung lauschte er den beiden Herren, auch wenn er nur einzelne Gesprächsfetzen auffasste.

«... es spricht wirklich eine ganze Menge für diesen Vorschlag», sagte Wu Wen. «Ja, ich habe die Maschinen persönlich gesehen ... automatisierte Abfallentsorgung ... sie verwenden ein chemisches Lösungsmittel, um den Müll gewissermaßen zu ‹verdauen›, dann entziehen sie ihm sämtliche wiederverwertbaren Substanzen ... sauber und äußerst wirtschaftlich ... wären Sie wohl so freundlich, das Konzept in Ihre Überlegungen einzubeziehen?»

Wu Wen flüsterte beinahe, doch Lao Dao hatte das Stichwort «Abfallentsorgung» deutlich vernommen. Vorsichtig näherte er sich den beiden.

Der Gesichtsausdruck des alten Herrn mit dem silbergrauen Haar ließ keine Deutung zu. Selbst nachdem Wu Wen seinen Vortrag beendet hatte, wartete er eine Weile, bevor er das Wort ergriff.

«Und Sie sind sicher, dass das Lösungsmittel ungefährlich ist? Keine Verschmutzung mit toxischen Stoffen?»

Wu Wen zögerte. «Die aktuelle Version ist in der Tat noch nicht ganz frei von Rückständen. Aber ich bin überzeugt, dass sie dieses Problem binnen kürzester Zeit auf ein Minimum reduzieren werden.»

Lao Dao trat noch ein wenig näher.

Der alte Herr schüttelte den Kopf und schaute Wu Wen direkt in die Augen. «So einfach liegen die

Dinge nicht. Falls ich Ihr Projekt billige und es umgesetzt wird, hat das gravierende Folgen. Ihr Verfahren kommt ohne Arbeiter aus – was aber wollen Sie mit den vielen Millionen Menschen anfangen, die ihre Arbeit verlieren?»

Der alte Mann wandte sich um und kehrte in den Bankettsaal zurück. Wu Wen blieb zurück, offensichtlich fassungslos. Ein Herr aus dem Gefolge des Älteren – vielleicht ein Sekretär – trat an Wu Wen heran und erklärte mitfühlend: «Sie können gern wieder hineingehen und sich das Essen schmecken lassen. Ich bin sicher, Sie wissen doch, wie die Sache nun einmal läuft: Beschäftigung hat oberste Priorität. Glauben Sie wirklich, Sie wären der Erste, der eine solche Technologie ins Spiel bringt?»

Lao Dao ahnte, dass man über ihn sprach, doch wusste er nicht, ob dies gute oder schlechte Nachrichten waren. Auf Wu Wens Gesicht spiegelten sich nacheinander Verwirrung, Ärger und Resignation. Lao Dao verspürte so etwas wie Mitleid mit ihm: Auch ihm waren Schwächen und Niederlagen vertraut.

Plötzlich bemerkte der Sekretär Lao Dao.

«Sie sind neu hier?» fragte er.

Lao Dao war verwirrt. «Entschuldigung? Ähm ...»

«Wie heißen Sie? Weshalb hat man mich nicht über ein neues Mitglied im Team informiert?»

Lao Daos Herz pochte wie wild. Er wusste nicht, was er sagte sollte. Er wies auf den Anstecker am Revers, so als werde der Anstecker für ihn sprechen oder ihm aus der Klemme helfen. Der Anstecker aber schwieg. Lao Daos Hände wurden schweißnass. Der

Sekretär schaute ihn prüfend an, offensichtlich hatte er Verdacht geschöpft. Er fragte einen der Angestellten im Foyer, doch der äußerte nur, er kenne Lao Dao überhaupt nicht.

Inzwischen hatten sich die Züge des Sekretärs vollkommen verfinstert. Mit der einen Hand fasste er Lao Dao, mit der anderen tippte er etwas in sein Kommunikationsgerät.

Lao Dao fühlte sich, als wolle ihm das Herz die Brust zerreißen. Da endlich erblickte er Lao Ge.

Dieser eilte mit beschwichtigenden Gesten herbei, er nahm dem Sekretär das Gerät aus der Hand und schaltete es aus. Lächelnd begrüßte er darauf den Sekretär und verbeugte sich tief. Und er erklärte, heute sei ihm doch tatsächlich das Personal ausgegangen und er habe sich für den Abend Ersatz aus einer anderen Abteilung besorgen müssen. Der Sekretär schien Lao Ge zu glauben, auch er kehrte in den Saal zurück. Lao Ge aber führte seinen Gast wieder hinauf in sein Quartier, um weitere Unannehmlichkeiten zu vermeiden. Sollte sich tatsächlich jemand für die Identität Lao Daos interessieren, würden sie die Wahrheit herausbringen, und selbst Lao Ge könnte ihm dann nicht mehr helfen.

«Ich fürchte, das Schicksal hat Ihnen die Teilnahme am Bankett verwehrt.» Lao Ge lachte. «Warten Sie einfach hier. Ich bringe Ihnen später etwas zu essen.»

Lao Dao legte sich aufs Bett und schlief sofort wieder ein. In seinem Kopf entspann sich noch einmal das Gespräch zwischen Wu Wen und dem alten Herrn.

Automatisierte Abfallentsorgung. Wie sähe das wohl aus? Wäre das etwas Gutes oder etwas Schlechtes?

Als er wieder erwachte, bemerkte er sofort einen köstlichen Geruch. Lao Ge hatte inzwischen den kleinen runden Tisch gedeckt und holte gerade den letzten Teller aus dem Aufwärmofen in der Wand. Er hielt eine Flasche Baijiu in der Hand und füllte zwei Gläser.

«An einem der Tische saßen nur zwei Leute, die früh aufbrechen mussten – das meiste haben sie nicht einmal angerührt. Ich habe etwas davon mitgebracht. Es ist nicht viel, aber es schmeckt Ihnen vielleicht. Hoffentlich nehmen Sie mir nicht übel, dass ich Sie nur mit Resten versorge.»

«Nicht im Geringsten», erwiderte Lao Dao. «Ich bin Ihnen sehr dankbar für das Essen. Das sieht ja wunderbar aus! Alles bestimmt sehr teuer, nicht wahr?»

«Die Speisen fürs Bankett werden direkt vor Ort zubereitet und kommen nicht in den Verkauf, ich weiß also nicht, was die Sachen im Restaurant kosten würden.» Lao Ge begann zu essen. «Nichts Besonderes. Wenn ich schätzen müsste ... vielleicht zehntausend, zwanzigtausend? Ein Gericht für zwei Personen dürfte so etwa dreißig- bis vierzigtausend kosten, mehr nicht.»

Erst nach einigen Bissen spürte Lao Dao, wie hungrig er tatsächlich war. Er war es gewohnt, Mahlzeiten auszulassen, oft kam er den ganzen Tag nicht zum Essen. An solchen Tagen zitterte er dann am ganzen Körper, doch er hatte gelernt, damit umzugehen. Nun aber war der Hunger unerträglich. Er versuchte, schneller zu kauen, denn dem Bedürfnis des Magens schienen die Zähne kaum gewachsen. Er spülte die

Bissen mit dem Baijiu hinunter, der sehr aromatisch schmeckte und ihm nicht in der Kehle brannte.

Lao Ge dagegen aß genüsslich und lächelte, während er seinem Gast zuschaute.

«Aha.» Kaum war der schlimmste Hunger ein wenig gestillt, erinnerte Lao Dao sich wieder an das Gespräch und seine Frage. «Wer war eigentlich der Herr, der die Rede gehalten hat? Er kam mir irgendwie bekannt vor.»

«Er ist ständig im Fernsehen», sagte Lao Ge. «Mein Chef. Er hat wirklich Macht und Einfluss; er ist für die gesamte Organisation der Stadt verantwortlich.»

«Sie sprachen über automatisierte Abfallentsorgung. Glauben Sie, dass es wirklich dazu kommt?»

«Schwer zu sagen.» Lao Ge nippte an seinem Baijiu und ließ ein Rülpsen hören. «Ich glaube aber nicht. Überlegen Sie einmal, warum man ursprünglich die manuelle Abfallbeseitigung eingeführt hat. Damals war die Lage bei uns ganz ähnlich wie in Europa am Ende des 20. Jahrhunderts. Die Wirtschaft wuchs, aber das tat auch die Arbeitslosigkeit. Geld zu drucken hat die Probleme nicht gelöst. Die Wirtschaft hat sich schlicht geweigert, der Phillips-Kurve zu folgen.»

Er bemerkte, wie ratlos Lao Dao dreinblickte, und lachte. «Vergessen Sie's. Diese Dinge würden Sie vermutlich nicht durchschauen.»

Er stieß mit Lao Dao an, beide leerten ihren Baijiu und füllten sich erneut die Gläser.

«Betrachten wir einfach nur die Arbeitslosigkeit. Dieser Theorie werden Sie folgen können», fuhr Lao Ge fort. «Wenn die Arbeitskosten steigen und die

Preise für Maschinen sinken, ist es ab einem bestimmten Punkt einfach günstiger, Maschinen anstelle von Menschen einzusetzen. Die Produktivität wächst, das Bruttoinlandsprodukt geht nach oben, aber leider auch die Arbeitslosigkeit. Was soll man da machen? Gesetze zum Schutz der Arbeiter erlassen? Den Wohlfahrtsstaat ausbauen? Je mehr man zum Schutz der Beschäftigten unternimmt, desto teurer wird die Arbeit – und desto unattraktiver wird es für Arbeitgeber, neue Leute einzustellen. Schauen Sie sich einmal die Industriegebiete außerhalb der Stadt an! In den Fabriken dort sieht man fast keine Menschen mehr. Ganz ähnlich sieht es in der Landwirtschaft aus: Wir haben da draußen riesige Farmen mit vielen Tausend Hektar Land, aber die Abläufe wurden inzwischen komplett automatisiert, Menschen braucht man dafür nicht. Will man seine Wirtschaft wachsen lassen, ist diese Art von Automatisierung absolut unumgänglich; auf diese Weise haben wir den Anschluss an Europa und Amerika geschafft, erinnern Sie sich noch? Rationalisierung! Das Problem ist nur: Hat man die Leute erst einmal vom Land und aus den Fabriken verbannt, was tut man dann mit ihnen? In Europa hat man die Arbeitszeiten der Einzelnen strikt begrenzt, so gab es Chancen für andere. Auf diese Weise büßt die Wirtschaft allerdings an Vitalität ein, verstehen Sie?

Am besten macht man es nämlich so: Man beschränkt die Zeit, in der bestimmte Gruppen der Bevölkerung am Leben teilhaben, und gibt den Leuten etwas zu tun. Das leuchtet doch ein? Also – man schiebt sie einfach in die Nacht. Dieses Vorgehen hat noch einen weiteren Vorteil: Am unteren Ende der sozialen Pyramide spürt man die Auswirkungen der Inflation kaum. Wer Kredite aufnimmt und sich die Zinsen leisten kann, verbraucht alles Geld, das ins System fließt. Das Bruttoinlandsprodukt steigt, aber die Kosten für den Grundbedarf bleiben bescheiden. Und die meisten merken es nicht einmal.»

Lao Dao lauschte gebannt, verstand aber kaum die Hälfte. Immerhin spürte er so etwas wie Kälte und Grausamkeit hinter den Worten seines Gegenübers. Zwar gab Lao Ge sich immer noch leutselig, doch Lao Dao schien es nun, als diene der heitere Tonfall nur dazu, die harten Kanten dieser Worte abzuschleifen, damit sie ihn nicht verletzten. Jedenfalls nicht allzu sehr.

«Richtig, das klingt ein wenig kalt», räumte Lao Ge ein. «Aber das ist die Wahrheit. Ich will diesen Ort ja gar nicht verteidigen, bloß weil ich hier lebe. Nach so vielen Jahren wird man halt ein wenig unempfindlich. Vieles im Leben können wir eben nicht ändern, wir können es nur hinnehmen und erdulden.»

Allmählich begriff Lao Dao die Haltung seines Gegenübers, doch wusste er selbst darauf nichts mehr zu erwidern.

Beide wurden ein wenig betrunken. Sie schwelgten in Erinnerungen: an das Essen, das sie als Kinder bekommen hatten; an Schlägereien auf dem Schulhof. Lao Ge dachte gern an scharfe und saure Reisnudeln zurück und an kräftig riechenden Tofu. So etwas bekam man im Ersten Sektor überhaupt nicht, und er vermisste diese Speisen sehr. Auch von seinen Eltern sprach Lao Ge; sie lebten immer noch im

Dritten Sektor. Er sah sie nur selten, denn jede Reise erforderte umfangreiche Anträge und Genehmigungsverfahren – ein Aufwand, der einfach zu viel Mühe machte. Auch erwähnte er amtlich bewilligte Arten des Wechsels zwischen Erstem und Drittem Sektor; einer kleinen Gruppe ausgewählter Personen war die regelmäßige Reise über die Sektorengrenze gestattet. Er selbst, Lao Ge, hoffe, dass Lao Dao ein paar Dinge für seine Eltern mitnehmen könne, denn er bedaure es wirklich sehr, seinen Eltern so fern zu sein und nicht für sie sorgen zu können.

Lao Dao erzählte von seiner einsamen Kindheit. Im schwachen Licht der Lampe sprach er von einem Kind, das mutterseelenallein am Rande der großen Mülldeponie umherstreifte.

Es war spät geworden. Lao Ge musste unten noch einmal nach dem Rechten schauen, und er nahm Lao Dao mit. Die Tanzfläche war jetzt leer; erschöpfte Männer und Frauen schlenderten zu zweit oder zu dritt umher. Lao Ge behauptete, Unternehmer hätten im Allgemeinen das beste Standvermögen, sie tanzten oft bis in den frühen Morgen. Nun aber war die Party vorüber, der Bankettsaal lag verlassen, er sah jetzt abweisend und ungepflegt aus, wie eine Dame, die nach einem langen, anstrengenden Tag ihr Makeup entfernt. Lao Ge schaute den Robotern beim Aufräumen zu und lachte. «Nur in solchen Momenten zeigt der Erste Sektor sein wahres Gesicht.»

Lao Dao blickte auf die Uhr. Noch drei Stunden bis zur Faltung. Jetzt war er hellwach. *Zeit zum Aufbruch!*

5.

Der Herr mit dem silbergrauen Haar kehrte vom Bankett direkt ins Büro zurück, um noch einige Papier zu ordnen, dann folgte eine Videokonferenz mit Europa. Um Mitternacht wurde er allmählich müde. Er nahm die Brille ab und rieb sich mit der Hand über die Nase. Nun war es wirklich Zeit, nach Hause zu gehen. Übrigens arbeitete er meistens bis Mitternacht.

Das Telefon klingelte. Er hob den Hörer ab. Es war sein Sekretär.

Das mit der Vorbereitung der Konferenz befasste Orga-Team musste mit wirklich ärgerlichen Neuigkeiten stören. Irgendjemand hatte eine falsche Zahl in der vorab gedruckten Abschlusserklärung entdeckt, und nun wollte das Team wissen, ob die Erklärung korrigiert und neu gedruckt werden sollte. Sofort stimmte der alte Herr zu. Die Angelegenheit war wichtig, die Erklärung musste frei von Fehlern sein. Er fragte noch, wer die Verantwortung dafür trage, und der Sekretär nannte den Direktor Wu Wen.

Der alte Herr nahm im Sofa Platz und hielt ein Nickerchen. Gegen vier Uhr morgens klingelte das Telefon erneut. Der Druck dauerte etwas länger als geplant, vermutlich brauche man eine weitere Stunde.

Da erhob er sich und trat ans Fenster. Alles war so still. Die leuchtenden Sterne des Orion blinkten am nachtschwarzen Himmel.

Auch im spiegelglatten See funkelten die Sterne des Orion. Lao Dao hockte am Ufer und erwartete die Faltung.

Er betrachtete den nächtlichen Park, und ihm wurde klar, dass er dies alles wahrscheinlich zum allerletzten Mal in seinem Leben sah. Traurig oder wehmütig war er deswegen aber nicht. Das hier war ein wunderschöner, friedlicher Ort, der aber nichts mit ihm selbst zu tun hatte. Er spürte auch keinerlei Neid und keine Verbitterung. Er wollte die Erfahrung einfach nur im Gedächtnis behalten. In dieser Nacht leuchtete kaum ein Licht, anders als im Dritten Sektor, wo grelle Neonlampen die Straßen taghell bestrahlten. Die Häuser der Stadt schienen zu schlafen, sie atmeten ruhig und gleichmäßig.

Um fünf Uhr morgens meldete der Sekretär sich erneut: Die Erklärung sei jetzt ein zweites Mal gedruckt und gebunden worden, befände sich aber noch in der Druckerei; deshalb wolle man wissen, ob man die Faltung ein wenig aufschieben dürfe.

Der alte Herr zögerte nicht lange. Natürlich musste die Faltung warten.

Vierzig Minuten später trafen die gedruckten Exemplare der Abschlusserklärung im Konferenzsaal ein, nun musste man aber noch rund dreitausend Mappen damit bestücken.

Lao Dao bemerkte den ersten Schimmer der Morgenröte. Um diese Jahreszeit ging die Sonne zwar nicht vor sechs Uhr auf, schon vorher aber tunkte sie den Horizont ins frühe Licht.

Er war bereit. Ein Blick zum Smartphone: nur noch wenige Minuten vor sechs. Aber seltsam: Nichts deutete auf die Faltung hin. *Vielleicht verläuft im Ersten Sektor ja sogar die Faltung ruhiger und gleichmäßiger.*

Um zehn nach sechs steckte das letzte Exemplar der Erklärung in den Teilnehmermappen.

Der alte Herr hatte die Luft angehalten und atmete nun tief durch. Er ordnete den Beginn der Faltung an.

Lao Dao sah, wie der Boden sich schließlich doch noch regte. Er stand auf und lockerte die steif gewordenen Glieder. Vorsichtig trat er an den Rand der Spalte, die sich zusehends weitete. Als die Erde auf beiden Seiten der Kluft in die Höhe wuchs, kletterte er über den Rand, suchte mit den Füßen nach Halt und tastete sich abwärts. Der Boden begann sich zu drehen.

Um zwanzig nach sechs meldete sich der Sekretär noch einmal – es gab einen Notfall. Direktor Wu Wen hatte fahrlässigerweise einen Daten-Stick mit hochwichtigen Dokumenten im Bankettsaal liegenlassen. Nun fürchtete er, dass die Reinigungsroboter den Datenträger mitnehmen könnten, deshalb musste er sofort wieder dorthin zurück.

Der Alte reagierte zornig, ordnete aber an, die Faltung anzuhalten und zurückzudrehen.

Lao Dao kletterte gerade vorsichtig durch die Fuge der Erde, als die Bewegung mit einem Ruck endete. Nach kurzem Halt bewegte sich die Erde wieder, nun allerdings in Gegenrichtung. Der Spalt schloss sich. Entsetzt hangelte Lao Dao sich wieder nach oben, so schnell es eben ging. Er kroch mit Händen und Füßen am senkrecht gestellten Boden entlang und musste auf jeden Handgriff achtgeben.

Der Spalt schloss sich schneller als erwartet. Kaum hatte Lao Dao die Oberkante erreicht, rasteten die Wände wieder ein; eines seiner Beine steckte fest. Zwar war der Boden so weich, dass die Wände das Bein nicht zerquetschten oder ihm die Knochen brachen, aber sie schmiegten sich doch so fest, dass er sich nicht mehr herauszuwinden vermochte. Angst und Schmerz trieben ihm Schweißperlen auf die Stirn. *Hatte man ihn entdeckt?*

Flach presste sich Lao Dao auf den Boden, und er lauschte. Ihm war, als näherten sich eilige Schritte. Er malte sich aus, dass die Polizei schon bald eintreffen und ihn abführen würde. Sie könnten ihm ganz einfach das Bein amputieren und ihn mit dem Stumpf ins Gefängnis werfen. Wie aber war man ihm bloß auf die Schliche gekommen? Er lag im Gras und spürte den kalten Morgentau. Die feuchte Luft drang ihm durch Kragen und Manschetten; ihn fröstelte, aber immerhin blieb er wachsam. Still zählte er die Sekunden, und so aussichtslos seine Lage auch schien, hoffte er immer noch, es könne sich vielleicht um einen technischen Fehler handeln. Er legte sich Worte zurecht für den Fall, dass man ihn fand. Womöglich sollte er erwähnen, wie ehrenhaft und fleißig er achtundzwanzig Jahre lang geschuftet hatte; vielleicht konnte er die Obrigkeit damit milder stimmen. Ob ihm eine Gerichtsverhandlung bevorstand, wusste er nicht. Ihm drohte ein ungewisses Schicksal.

Das Schicksal griff nach seinem Herzen. Unter allem, was er in den vergangenen achtundvierzig Stunden erlebt hatte, hinterließ das Gespräch mit Lao Ge während des Abendessens den tiefsten Eindruck. Er spürte, dass er zumindest einen kurzen Blick auf die Wahrheit geworfen hatte; genau deshalb konnte er die Konturen des Schicksals jetzt schärfer wahrnehmen. Allerdings schwebten diese Konturen in großer Höhe, sie waren zu kalt und ganz außer Reichweite. Zudem wusste er nicht, was ihm der Besitz der Wahrheit eigentlich einbringen sollte. Falls er jetzt ein paar Dinge klarer sah, aber nicht die Macht hatte, sie zu ändern – was nützte ihm das? Und ihm selbst zeigte sich ja keineswegs ein deutliches Bild. Das Schicksal war wie eine Wolke: Einen Augenblick lang ließ ihre Form sich deuten, doch schaute man genauer hin, war die Gestalt schon wieder weggeblasen. Er wusste doch sowieso, dass er nicht mehr war als ein kleines Rädchen im Getriebe. Er war ein einfacher Mann, einer unter 51 280 000, denen es genauso ging wie ihm. Und kam es einmal nicht auf Präzision an, war ohnehin nur von 50 Millionen die Rede. Er war dann ein Rundungsfehler – so als habe er nie wirklich existiert. Selbst Staub war mehr wert. Mit den Händen fuhr er durchs Gras.

Um halb sieben hatte Wu Wen seinen Daten-Stick gefunden. Um sechs Uhr vierzig war er wieder zu Hause.

Um sechs Uhr fünfundvierzig legte der weißhaarige Herr sich schließlich in das kleine Bett im Büro, vollkommen erschöpft. Er hatte Anweisungen erteilt, und langsam drehten sich die Räder der Welt. Transparente Stoffe legten sich auf Esstisch und Schreibtisch, sodass alles sicher und geschützt an seinem Platz blieb. Das Bett stieß eine Wolke aus einschläferndem Gas aus, dann fuhren an allen Seiten Schienen empor und hoben es in die Luft. Während der Boden und alles, was darauf stand, sich nach unten drehte, schwebte das Bett auf gleicher Höhe, einem Kinderbettchen gleich, das im Wasser treibt.

Die Faltung hatte wieder eingesetzt.

Nach dreißig verzweifelten Minunten fasste Lao Dao ein wenig Hoffnung. Zum zweiten Mal bewegte sich nämlich jetzt die Erde. Sobald der Spalt sich geöffnet hatte, zog er erst einmal sein Bein heraus; als die Kluft dann breit genug war, begab er sich erneut auf die beschwerliche Klettertour. Jetzt tastete er sich sogar noch vorsichtiger voran als beim ersten Versuch. Und als das Blut allmählich in sein taubes Bein zurückströmte, schmerzte die Wade, als peinigten ihn Tausende von Ameisen. Mehrere Male verlor er fast den Halt. Der Schmerz wurde unerträglich, und er musste sich in die Fäuste beißen, um nicht laut zu schreien. Er fiel; er rappelte sich wieder auf; abermals stürzte er und kam wieder auf die Füße. Er nahm alle Kräfte und all seine Geschicklichkeit zusammen, um den Halt auf der rotierenden Erde nicht zu verlieren.

Er konnte sich später nicht mehr daran erinnern, wie er die Treppe hinaufgekommen war. Er wusste nur noch, dass er ohnmächtig wurde, als Qin Tian ihm die Wohnungstür öffnete.

Zehn Stunden lang schlief Lao Dao im Zweiten Sektor. Qin Tian holte einen Kommilitonen aus der Medizinischen Fakultär, der beim Verbinden der Wunde behilflich war. Muskeln und Gewebe waren durch die

Quetschung beschädigt, doch zum Glück war wenigstens kein Knochen gebrochen. Immerhin würde ihm das Gehen wohl eine Zeitlang beschwerlich sein.

Nachdem er geschlafen hatte, übergab Lao Dao seinem Auftraggeber den Brief von Yi Yan. Er betrachtete Qin Tian, während dieser las: In Qin Tians Gesicht mischten sich Freude und Kummer. Lao Dao sagte kein Wort. Er begriff, dass Qin Tian sich nun für lange Zeit an diese vage und ferne Hoffnung klammerte.

Lao Daos Heimkehr in den Dritten Sektor fühlte sich an, als sei er einen ganzen Monat fortgewesen. Allmählich erwachte die Stadt. Die meisten ihrer Bewohner hatten fest geschlafen, und nun setzten sie ihr Leben an genau jener Stelle fort, an der sie beim letzten Zyklus aufgehört hatten. Niemandem würde auffallen, dass Lao Dao zwischendurch fortgewesen war.

Sobald die Händler entlang des Gehwegs ihre Läden öffneten, nahm Lao Dao an einem der Plastiktische Platz und bestellte sich eine Schale Chow-mein. Zum ersten Mal überhaupt bat er um Nudeln mit Schweinehackfleisch. *Nur ein einziges Mal,* dachte er. *Zur Belohnung.*

Anschließend begab er sich zur Wohnung von Lao Ges Familie und lieferte dort zwei Schachteln mit Medikamenten ab, die dieser für seine Eltern besorgt hatte. Die beiden alten Herrschaften konnten sich kaum noch bewegen, und eine junge, derbe Frau wohnte bei ihnen und schaute nach dem Rechten.

Humpelnd kehrte er zu seinem eigenen Wohnblock zurück. Im Flur herrschte ein lärmendes

Durcheinander; von überall hörte man die typischen Geräusche des Morgens: lautes Zähneputzen, die Wasserspülung der Toiletten, Familien, die sich stritten. Aus allen Türen traten halb bekleidete Menschen mit zerzausten Haaren.

Er musste warten, bis der Aufzug anhielt. Sobald er seine eigene Etage erreicht hatte, vernahm er laute Stimmen. Das waren die beiden Mädchen von nebenan, Lan Lan und Ah Bei, im Disput mit der alten Dame, die gerade wegen der Miete vorbeischaute. Sämtliche Wohneinheiten des Hauses gehörten zwar dem Staat, die Miete wurde aber von einem Beauftragten des Bezirks eingesammelt, und jedes Haus, ja sogar jeder Flur hatte einen eigenen Mieteintreiber, der diese Aufgabe übernahm. Die alte Dame wohnte schon sehr lange hier. Sie war dürr, ihre Haut schrumpelig, und sie lebte allein – ihr Sohn war längst fort, und niemand wusste, was aus ihm geworden war. Ihre Tür war stets verschlossen, und sie unterhielt kaum Kontakte zu ihren Wohnungsnachbarn. Lan Lan und Ah Bei waren erst kürzlich eingezogen, sie arbeiteten in einem Bekleidungsgeschäft. Ah Bei wurde laut, während Lan Lan versuchte, sie zu besänftigen. Ah Bei wandte sich um und schrie Lan Lan an; Lan Lan begann zu weinen.

«Wir müssen uns alle an den Mietvertrag halten, nicht wahr?» Die alte Dame wies auf einen Text, der auf einem Bildschirm an der Wand aufleuchtete. «Wagen Sie es bloß nicht, mich eine Lügnerin zu nennen! Wissen Sie, was ein Mietvertrag ist? Hier steht es Schwarz auf Weiß: Im Herbst und Winter zehn Prozent Aufschlag wegen der Heizung.»

«Ha!» Ah Bei reckte das Kinn in die Höhe und fuhr sich demonstrativ durchs Haar. «Glauben Sie, wir fallen auf solch einen simplen Trick herein? Wenn wir zur Arbeit gehen, drehen Sie die Heizung einfach ab. Dann kassieren Sie Geld für Strom, den wir gar nicht verbraucht haben, und die Differenz stecken Sie sich in die eigene Tasche. Glauben Sie, wir wären von gestern? Wenn wir von der Arbeit nach Hause kommen, ist die Wohnung immer so kalt wie ein Eiskeller. Denken Sie, wir fallen darauf herein, bloß weil wir hier neu sind?»

Ah Beis Stimme klang scharf und spitz, sie schnitt durch die Luft wie ein Messer. Lao Dao betrachtete Ah Bei – ihr junges, entschlossenes, zorniges Gesicht, und er fand sie wirklich hübsch. Ah Bei und Lan Lan hatten schon oft nach Tangtang geschaut, wenn er nicht zu Hause war, und manchmal hatten sie ihr sogar den Haferbrei zubereitet. Jetzt aber wollte er einfach nur, dass Ah Bei Ruhe gab, dass sie diese Lächerlichkeiten vergaß und den Streit beendete. Eigentlich wollte er ihr auch erklären, dass ein Mädchen elegant und still dazusitzen hatte, die Knie mit dem Rock bedeckt, und einfach nur lächeln sollte, sodass man ihre hübschen Zähne sah. So brachte man andere dazu, einen liebenswert zu finden. Doch wusste er natürlich auch, dass es Ah Bei und Lan Lan gar nicht darum ging.

Er zog einen 10 000-Yuan-Schein aus der Innentasche seiner Jacke und reichte ihn der alten Dame. Seine Hand zitterte vor Schwäche. Die Dame schien der Schlag getroffen zu haben, und auch Ah Bei und Lan Lan waren sprachlos. Er aber wollte nichts erklären. Er winkte ihnen zu und ging nach Hause.

Dort erwachte Tangtang gerade in ihrem Bettchen und rieb sich den Schlaf aus den Augen. Er schaute Tangtang an, und die Anstrengungen fielen auf einmal von ihm ab. Er dachte daran, wie er Tangtang vor dem Eingang der Müllentsorgungsanlage gefunden hatte, das von Tränen feuchte Gesichtchen ganz schmutzig. Nie hatte er es bereut, sie damals mitgenommen zu haben. Jetzt lachte sie und deutete mit den Lippen ein Schmatzen an. Wie glücklich er doch war! Trotz seiner Verletzung hatte man ihn nicht erwischt, und er hatte das Geld sicher nach Hause gebracht. Wie lange mochte es noch dauern, bis Tangtang singen und tanzen konnte, eine elegante junge Dame?

Er schaute auf die Uhr. Zeit, zur Arbeit zu gehen.